名家谭系列

杨耀文/选编

# 烟趣雅谈

## 文化名家趣说抽烟那点事儿

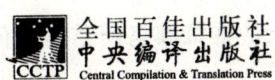

全国百佳出版社
中央编译出版社
Central Compilation & Translation Press

图书在版编目(CIP)数据

烟趣雅谈:文化名家趣说抽烟那点事儿／杨耀文选编．—北京：中央编译出版社,2011.9

(名家谭系列)

ISBN　ISBN 978-7-5117-0975-2

Ⅰ.①烟… Ⅱ.①杨… Ⅲ.①散文集-中国-现代②散文集-中国-当代 Ⅳ.①I266

中国版本图书馆 CIP 数据核字(2011)第 169769 号

## 烟趣雅谈:文化名家趣说抽烟那点事儿

| | |
|---|---|
| 出 版 人 | 和　龑 |
| 责任编辑 | 杜永明 |
| 出版发行 | 中央编译出版社 |
| 地　　址 | 北京西城区车公庄大街乙5号(100044) |
| 电　　话 | (010)52612345(总编室) (010)52612341(编辑室) |
| | (010)66161011(团购部) (010)52612332(网络销售) |
| | (010)66130345(发行部) (010)66509618(读者服务部) |
| 网　　址 | www.cctpbook.com |
| 经　　销 | 全国新华书店 |
| 印　　刷 | 中青印刷厂 |
| 开　　本 | 710mm×960mm　1/16 |
| 字　　数 | 262 千字 |
| 印　　张 | 16 |
| 版　　次 | 2011 年 12 月第 1 版第 1 次印刷 |
| 定　　价 | 32.00 元 |

本社常年法律顾问:北京大成律师事务所首席顾问律师　鲁哈达

# 写在前面的话

　　这是一本谈烟说趣的散文集。我们精选了30多位名家的作品，从各个方面畅谈那些关于烟的事。

　　在汪曾祺的《烟赋》，邓云乡的《香烟与香烟画片》，杜宣的《烟斗》等文中，回忆那些"如烟往事"；在林徽因的《小谈烟》，吴组缃的《烟》，高晓声的《烟囱世界》等文中，了解名家的"烟难戒"；在钱歌川的《谈戒烟》，二月河的《唔，烟草》，贾平凹的《吃烟》等文中，听诸位名家"不想戒烟"的"宣言"；在徐志摩的《吸烟与文化》，林斤澜的《烟榻说书》等文中，看名家纵论"文化从香烟头上冒出来"；在叶至诚的《戒烟——十年拾零》，韩少功的《抽烟》等文中，体会"只好抽烟"的无奈；在王蒙的《吸烟》，柳萌的《烟酒琐记》，叶兆言的《学抽烟》等文中，看名家论述"戒烟不吸烟"的心情。

　　另外，本书还甄选了自明清以来，"关于烟的诗词赋"数十篇，以飨同好朋友。

　　让我们一起，一面品读这些名家的"烟趣雅谈"，一面在烟雾缭绕中休息身心，感悟一段人生的美好时光。

# 目 录
## Contents

写在前面的话…… /1

## 如烟往事

**烟　赋……汪曾祺　/3**

这种烟袋亦称"骚胡子"，说是公公抽烟，叫儿媳妇点火，瞅着没人看见，可以乘机摸一下儿媳妇的手。

**知　识……金克木　/7**

我以为纸烟是烟中的下流，有如夜夜换客的娼妓是人类中的最无味的生存者，但娼妓可悯，纸烟却可弃。

**香烟与香烟画片……邓云乡　/11**

胡适之先生酒量惊人，而且爱喝酒，后来有个时期却戒酒了，但仍未戒烟，留下了著名的"纵然从此不饮酒，未可全忘淡巴菰"的名句。

**烟　卷……朱　湘　/21**

我咀嚼生活，并不曾咀嚼出多少的滋味来，那么，我之不知烟味而作了一个吸烟的人，也多少可以自宽自解了。

**割烟叶……张　炜　/28**

这一辈子都得在这烟地里做活了，就是这样！你多想想这是一辈子的事，你就不会马虎了。你就会想想办法，把日子过得有意思些。

**几种吸烟的姿势……钦　文　/33**

当说不圆话的时候,就以吸烟做由头,乘机思索考虑一番,即使烟火已经灭掉,也会照样空吸一阵,大有"醉翁之意不在烟"之概。

打火机……叶延滨 /36

对一般老百姓而言,希望最容易点燃,也最容易破灭,就像一支火柴。

烟斗……杜 宣 /39

烟斗种类的确很多,考究起来,也是一门无穷尽的学问。

抽烟斗的人……钱歌川 /43

要参透人生的真谛,要了解世界的浮华,似乎非通过这一支烟斗不可。我回到伦敦以后,便要开始抽起烟斗来。

教授与烟斗……吴小如 /46

王瑶老师在擦左边面颊时,把烟斗歪向右唇角叼着;等到擦右边时,再把烟斗推到左唇角。宁可有的地方毛巾揩不到,也不肯拿开烟斗。

烟的梦……赵亦吾 /49

童年的,少年的,青壮年时期的,一个片断又一个片断在脑海中闪过,一支烟又一支烟把我带进了梦般的境界。

往事如"烟"……冯骥才 /53

烟瘾就是不断燃起的"抽上一口"——也就是第一口烟的欲求。这第一口之后再吸下去,就成了一种毫无意义的习惯性的行为。

# 烟难戒

小谈烟……林徽因 /59

你还可用它来压住你的等人的焦躁,无论你在等着的是爱,或者是钱,而且同时你还可用它来计算你所在等着的时间。

烟……吴组缃 /62
　　一经点燃,随着袅袅的青烟散发极其淳雅淡素的幽香,拂入鼻官,留在齿颊,弥漫而又飘忽,使你想见凌波仙子,空谷佳人。

烟……黄苗子 /68
　　每到妙处,"总是心里想伸一只手去取一支烟,但是表面上却只有立起而又坐下,或者换换坐姿",眼看朋友"自自然然的一口一口地吞云吐雾,似有不胜其乐之慨"。

我的戒烟……吴泰昌 /70
　　他把香烟当作阶级敌人,这样才取得了戒烟的效果。后来听人说,这位人士就在把烟当阶级敌人狠斗的当天,在上厕所时又偷偷地抽起"阶级敌人"来了。

吸烟有害健康……公　刘 /74
　　环顾人世,说一套,做一套,比比皆是,使人觉得仿佛活在烟盒里。人类诚然如此,中国人尤其如此。

吸烟的故事……公　刘 /77
　　不会抽烟,不算男子汉。真是十足的奇谈怪论!值得注意的是,女青年也纷纷加入"新潮"行列。

烟囱世界……高晓声 /79
　　毛主席呀毛主席,你量大福大,原谅这一遭吧,我可不是有意表示不敬啊!我知道什么都瞒不过你……

我的戒烟……林斤澜 /88
　　取舍之间,忽然发觉与烟的缘份中有道堪称"烟道"。吸时顺其性情,不随大流,不苟同时势,仅仅听命内心的呼唤。

烟鬼的自白……韩作荣 /92
　　人最需要烟的时候是没有灯光的暗夜,孤寂、清冷,这情形才是火的去处。将火柴擦亮,照亮一小片昏暗。寂灭。这时只有烟头是生动的。

香烟的魔力……潘永翔 /96

　　　　　大家凑在一起吸烟聊天，你吸我的我吸你的，无形中拉
　　　　近了距离。即使是平时有些隔阂的，也可以通过吸烟交流
　　　　化解矛盾，重修旧好。

说　烟……莫　言　/99
　　　　　什么东西一旦到了需要"戒"的地步，恰恰说明它迎合
　　　　了人性中某一种需求。烟酒无不如是：烟使人精神放松、酒
　　　　使人忘却世事……

父亲的烟……陈丹燕　　/101
　　　　　一个行为学家的研究结果：烟是奶嘴的延续，当男人感
　　　　到孤独、失望、疲劳的时候，有烟在手，就仿佛婴儿含奶嘴可
　　　　以止住哭声一样。

## 不想戒烟

谈戒烟……钱歌川　/105
　　　　　戒烟的理由我一点也说不出来，抽烟的理由我倒可以
　　　　说得一大串：抽烟可以消遣，可以促进文思，可以增加工作
　　　　效率，可以交结朋友。

不想戒烟……忆明珠　/108
　　　　　"心地光明，百病不生"啊！什么毒言、恶语、砒霜、放射
　　　　性元素……都毁不了我的罗汉金身，区区尼古丁又何足道
　　　　哉！阿弥陀佛！

唔，烟草……二月河　/110
　　　　　四次"下死决心"：戒掉！然而却是"戒不掉"，以至于
　　　　戒烟时没有文思，急得绕室彷徨，推枕难眠。

男人不戒烟……聂鑫森　/112
　　　　　就为了那看不见摸不着的"死"，我要省去人生的许多
　　　　乐趣，我再不轻松再不从容再不悠闲，这不值得！

吃　烟……贾平凹　/114

我吃烟的原则是吃时不把烟分散给他人。宁肯给他人钱。钱宜散不宜聚,烟是自焚身亡的忠义之士,却不能让与的。

我与香烟……苏　童　/116

经常有不抽烟的朋友问,抽烟到底有什么好处?我的回答与大多数烟民是一样的,没有好处,只是改不掉的习惯罢了。

## 文化从香烟头上冒出来

烟　话……周瘦鹃　/121

天生小草醉婵娟,低晕春山髻半偏。
还倩檀郎轻约住,只愁紫玉去如烟。斗帐熏篝薄雪天,泥郎同醉伴郎眠。
……

烟榻说书……林斤澜　/123

一手托枪,一手执签,上泡、团弄、扎眼,这时喜欢说话,虽然照常声轻音弱,但兴致是听得出来的。一口吸下,双目眯觑,摸着小泥壶啜一口浓茶,颓然落枕,到了安乐乡了!

吸烟与文化……徐志摩　/125

在牛津或康桥要找一个不吸烟的学生是很费事的——先生更不用提。学会抽烟,学会沙发上古怪的坐法,学会半吞半吐的谈话——大学教育就够格儿了。

说抽烟……刘大杰　/129

烟这种东西,在实际生活上看来,是一种奢侈品,一种无用的东西。但在精神的生活上,却是一种必需品,一种有用的东西。

文化从香烟头上冒出来……叶延滨　/132

但我们因此可以得出这样一个结论吗?——在当今中国热爱香烟的瘾君子是最有文化的人。

## 只好抽烟

吸烟闲话……钱歌川 /137

　　有时你想起了家计的艰难,或情人的远别,或有什么放不下的心事,很是纳闷,郁郁不欢。如果举酒浇愁那只有更愁的,惟一的办法,仍是吸烟。

烟酒与朋友……钱歌川 /142

　　至于那些话不投机的客人,甚至一支烟都是多余的,只消站在门口说两句话,就可以了事呢。

戒　烟——十年拾零……叶至诚 /145

　　有时候看着手臂,大腿和小腿上那微黑发亮的肤色,粗壮结实的肌肉,自己也感到惊讶,颇有点儿傲然自得;这一来又加上喉头清爽,无咳无痰,呼吸顺畅,不闷不喘,我简直觉得已经在脱胎换骨了。

抽　烟……韩少功 /150

　　为了表现出向贫下中农学习的政治姿态,知青们便争相向尼古丁和烟焦油靠拢。这正像美国六十年代的反叛青年以吸大麻为时尚,因为大麻来自下层民间。

香　烟……海　南 /152

　　男人借用香烟的效力来解决"肉体痛苦和肉体享乐的时刻,接近睡眠的时刻,聆听音乐的时刻,非常紧张或非常松弛的时刻……"

只好抽烟……陈　村 /154

　　一个叫莫里斯的英国人更进一步说,抽烟这一行为是由吃奶演变而来。不过乳汁换成烟流,乳头换作烟嘴罢了。

## 戒烟不吸烟

吸烟肇祸的一斑……郑逸梅 /159

少妇知而嫣然一笑,向曼殊道歉,曼殊也报以一笑。既散座,曼殊反责楚辛的煞风景,谓:"为了绝世美人,损及一衣,算得什么,何必大惊小怪!"

**戒烟的故事……公 刘 /162**

单靠规劝和说服,是不会有多大效用的。马克·吐温有言:"戒烟不难,我都戒了一千次了。"讽刺的正是这个。那么,共和国果真要变作"烟王国"了么?

**戒 烟……叶延滨 /165**

戒烟是一件非常愉快的事情,它的乐趣在于你会重新唤起自己对自己的那份自信,那份不必掩饰的自我欣赏。

**丈夫戒烟……杨 泥 /167**

男人抽烟和女人涂口红,在我看来,应该算是天底下两桩最有意思的事情,如果是一个男人抽烟的姿势也很漂亮的话。

**烟酒琐忆……柳 萌 /170**

在三年经济困难时期,买不到烟,他们把白菜叶子晒干,卷着辣椒面吸,依然是那么有滋有味,享受着同真烟一样的乐趣。

**吸 烟……王 蒙 /174**

我给自己提的口号是:不做烟瘾的奴隶,也不做戒烟教条的奴隶!

**烟 道……高洪波 /176**

至于烟与酒,从来就没分过家,小哥俩儿好得跟一个人似的,谁吟哦过的:男儿不喝酒,白在世上走;男儿不吸烟,白在世上颠。

**烟 议……高洪波 /178**

许多朋友吸烟,有的是因为相信吸烟可以有助于他思考问题;有的是因为吸烟是一种男子汉的仪表风度;还有的人固执地认为吸烟可以驱毒疗病,蚊蛇不侵。

**学抽烟……叶兆言 /182**

漂亮的女孩子抽香烟,多少有些煞风景。没办法想象林妹妹和宝姐姐是如何地抽香烟。当然女作家和女强人例外……

附:关于烟的诗·词·赋……　　/185

# 如烟往事

　　我看烟的魅力,就是在你把一支雪白和崭新的烟卷从烟盒抽出来,性感地夹在唇间,点上,然后深深地将雾化了的带着刺激性香味的烟丝吸入身体而略感精神一爽的那一刻。即抽第一口烟的那一刻。随后,便是这吸烟动作的不断重复。而烟的魅力在这不断重复的吸烟中消失。

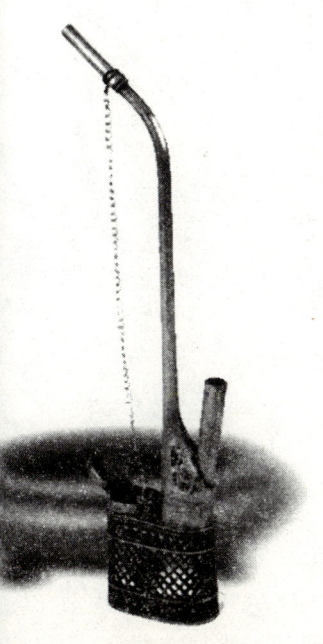

# 烟　赋

汪曾祺

> 这种烟袋亦称"骚胡子",说是公公抽烟,叫儿媳妇点火,瞅着没人看见,可以乘机摸一下儿媳妇的手。

中国人抽烟,大概始于明朝,是外国人传入的。从前的中国书里称烟草为淡巴菰,是 Tobacco 的译音。我年轻时,上海人还把雪茄叫做"吕宋"。吸烟成风,盖在清代。现存的几种菸草谱,都是清人的著作。纪晓岚就是"嗜食淡巴菰"的。我的高中国文教师史先生说,纪晓岚总纂四库全书时,叫人把书页平摊在一个长案上,他一边吸烟,一边校读,围着长案走一圈,一篇"四库全书总目提要"就出来了。这可能是传闻,但乾隆年间,抽烟的人已经很多是可以肯定的。

小说《异秉》里的张汉轩说,烟有五种:水、旱、鼻、雅、潮。雅(鸦片)不是烟草所制,潮州烟其实也是旱烟的一种。中国人以前抽的烟其实只有旱烟、水烟两大类。旱烟,南方多切成丝,北方则揉碎,都是摁在烟袋锅里抽的。北方人把烟叶都称为关东烟。关东烟里的上品是蛟河烟。这是贡品,据说西太后抽的即是蛟河烟。真正的蛟河烟只产在那么一两亩地里。我在吉林抽过真蛟河烟,名不虚传!其次"亚布力"也可以,这是从苏联引进的品种。河北省过去种"易县小叶"。旱烟袋,讲究白钢锅、乌木杆、翡翠嘴。烟袋有极长的。南方老太太用的烟袋,花银嘴就有五寸,乌木杆长至八尺,抽烟时得由别人点火。也有短的,可以插在靴掖里,称为"京八寸"。这种烟袋亦称"骚胡子",说是公公抽烟,叫儿媳妇点火,瞅着没人看见,可以乘机摸一下儿媳妇的手。潮州的烟袋是用竹根做的。在一头挖一窟窿，嵌一小铜胎，以装烟，不另安锅。一九五〇年我在江西土改，那里的农民抽的就是这种烟，谓之"吃黄烟"。山西、内蒙人用羊腿骨做烟袋，抽这种烟得点一盏烟灯，因为一次只装很小的一撮烟，抽一口就把烟灰吹掉，叫做"一口一香"，要不停地点火。云、贵、川抽叶子烟，烟叶剪成二寸许长，裹成小指粗细的烟支，可以说是自制小雪茄，但多数是插在烟锅里抽，也可算是旱烟类。我在鄂温克族地区抽过达斡尔人用香蒿籽窨制的烟，一层烟叶，一层香蒿子，阴干，烟味极佳，是用纸卷了抽的。广东的"生切"，也是用纸卷了抽的；新疆的"莫合烟"，即苏联翻译小说里常常见到的"马霍烟"，也是用纸卷了抽的；莫合烟是用烟梗磨碎制成的，不用烟叶。抽水烟应该是最卫生的，烟从水里滤过，有害物质减少了。但抽水烟很麻烦，每天涮水烟袋就很费事。水烟袋要保持洁净，抽起来才香。我有个远房舅舅，到别人家做客，都由他车夫一次带了五支水烟袋去，换着抽。此人真是个会享福的人！水烟的烟丝极细，叫做"皮丝"，出在甘肃的兰州和福建的福州。一在西北，一在东南，制法质量却极相似，奇怪！云南人抽水烟筒，那得会抽，否则嘬不出烟来。若论过瘾，应当首推水烟筒。旱烟、水烟，吸时都要在口腔内打一回旋，烟筒的烟则是直灌入肺，毫无缓冲。

卷烟，或称纸烟，北京人叫做烟卷儿，上海一带人叫做香烟。也有少数地方叫做洋烟的。早年的东北评剧《雷雨》里四凤夸赞周萍的唱词道"穿西服，抽洋烟，梳的本是那个偏分"可以为证。大概在东北，眼中这些都是很时髦的。东北是"十八岁的大姑娘叼着大烟袋"的地方，卷烟曾经是稀罕东西，现在卷烟已经通行全国。抽旱烟的还有，大都是上了年纪的人，但也相对地减少了。抽水烟的就更少了，白铜镂花的水烟袋已经成为古玩，年轻人都不知道这玩意是干什么用的了。说卷烟是洋烟，是有道理的，因为本是从外国主要是英国输入的。上海一带流行的上等烟茄立克、白炮台，555……销行最广的中等烟红锡包（北方叫小粉包），老刀牌（北方叫强盗牌）都是英国货。世界上的卷烟原分两大系。一类是海洋型，英国烟为其代表。英国烟的烟丝很细。有些烟如白炮台的烟盒上标明是 Navycut，大概和海军有点关系。一类是大陆型，典型的代表是埃及烟、法国烟，苏联的白海牌（东北人叫它"大白杆"）以及阿尔巴尼亚等烟属之。抽大陆型烟的人数不多。现在卷烟分为两大派系，一类是烤烟型，即英国烟型；一类是混合型，是一半海洋型、一半大陆型烟丝的混合，美国烟大都是混合型。英国型的烟丝金黄，比较柔和，有烟草的自然的酸香，比较为中国人所喜欢。

后来外商和华侨在中国设厂制烟，比较重要的是英美烟草有限公司和南洋兄弟烟草公司。大前门为南洋兄弟烟草公司所出，美丽牌好像就是英美烟草公司出的。也有较小的厂出烟，大联珠、紫金山……大概是本国的烟厂所出。

我到昆明后抽过很多种杂牌烟，有一种叫仙岛牌，不记得是什么地方出的，烟味极好，是英国烤烟型，价钱也不贵。后来就再不见了，可能是因为日本兵占领了越南，滇越铁路中断，没有来源了。有一种叫"白姑娘"，硬盒扁支，烟味很冲。有一种从湖南来的烟，抽起来有牙粉味。最便宜的烟是鹦鹉牌，十支装，呛得不得了，不知是什么树叶或草做的，肯定不是烟叶！

陈纳德的飞虎队和美国空军到昆明后，昆明市面上到处是美国烟，多是从美国军用物资仓库中流出的。骆驼牌、老金、Luckys - Trike、Chesterfield、Philipmorris……一时抽美国烟的人很多，因为并不太贵。

云南烟业的兴起盖在四十年代初。本省的农业专家和实业家经过研究，认为云南土壤、气候适于种烟，于是引进美国弗吉尼亚的大金叶，试种成功。随即建厂生产卷烟。所出的牌子有两种：重九和七七。重九当时算是高档烟，这个牌子沿用至今。七七是中档烟，后来不生产了。

五十年代后，云南制烟业得到很大发展，云南烟的质量得到全国公认，把许多省市的卷烟都甩到了后面去了。云南卷烟有三大名牌：云烟、红山茶、红塔山。最近几年，红塔山的声誉日隆，俨然夺得云南名烟的首席。说是已经是国产烟的第一，也不为过分。我于"红塔山"得一字，曰："醇。"

为什么红塔山能够力挫群雄，扶摇直上？首先，红塔山有质量上好的烟叶。

当年生产的烟叶，不能当年就用，得存放一个时期，这样杂质异味才会挥发掉。据闻英国的名牌烟的烟叶都要存放三年。二次世界大战，存烟用尽，质量也不如以前了。玉溪烟厂的烟叶都要存放二年至二年半，就像中药店配成丸散一样："修合虽无人见，存心自有天知。"这个"天"就是抽烟的人。烟叶存放了多久，抽烟的人是看不到的，但是抽得出来。他们不知其所以然但知其然，能分辨出烟的好坏。

对烟的评价是最具群众性的，最公平的。卷烟不能像酒一样搞评比。我们国家是不允许卷烟作广告。现在既不能像过去的美丽牌在申报和新闻报上作整幅的广告"有美皆备，无丽弗臻"，也不能像克莱文·A一样借重梅兰芳的声誉，宣传这种烟对嗓音无害。卷烟的声誉，全靠质量，靠"烟民"的口碑。北京人有言，"人叫人千声不语，货叫人点手就来"，这是假不得的。桃李不言，下自成蹊，红塔山之赢得声誉，岂虚然哉！

玉溪卷烟厂去年给国家创利税三十四亿，这是个吓人一跳的数字。

我十八岁开始抽烟，一九九一年七十一岁，抽了五十多年，从来没有戒过，可谓老烟民矣。吸烟是有害的，有人甚至说吸一支烟，少活五分钟，不去管它了！写了一首五言诗：

  玉溪好风日，兹上偏宜烟。
  宁减十年寿，不忘红塔山。

诗是打油诗，话却是真话，在家人也不打诳语。

# 知　识

金克木

> 我以为纸烟是烟中的下流，有如夜夜换客的娼妓是人类中的最无味的生存者，但娼妓可悯，纸烟却可弃。

抽烟与谈鬼是两件很有趣味的事，喝酒却不在它们之列。谈鬼至少要有两人，时间须在深夜，味道才足。说鬼者常常自己先怕起来，但这也正是谈鬼的好处。说笑话的禁忌是自己先笑，笑了便不灵验；说鬼话的自己先怕了却更能促进他人的恐怖，增加效力。至于谈鬼的人并不信鬼倒无关大体，因为所怕的东西往往是自己不信的东西，疑惧原是常常相连的，而且大家若全部相信，也就无不谈了。

谈鬼的关键全在乎人，抽烟的兴味却至少有一半在烟。我并不是说烟的好坏与兴味的浓淡成正比例，不过从烟的性质与抽的方式上我们可以演绎出种种不同的感兴来，却是事实。爱不爱抽烟当然只系于会不会，但平常间会不会抽烟的意思只是指有没有烟瘾，我以为会不会倒应该是指能不能从中享受快乐。抽烟不上瘾，永得不到最高的快乐，然而真上了瘾也便失去享乐的自由而变成痛苦了，正像专家永远没有 Amateur 适意一样。即使我们不论常态与变态，玛菲红丸也决不算抽烟，所以禁绝倒不要紧，只是海洛因的滋味我还未尝到是不能不引以为憾的一件事。有一回，当然是几年之前关于烈性毒品治罪法还未公布的时候，确乎有机会抽一口海洛英，但看到主人自己也只有那一点点，总有些不好意思揩油，因而索性拒绝了。现在虽不免后悔，然而事已过去，时不再来，而且那位抽海洛英的朋友也不幸已经亡故多时了。

不知道算不算幸福，我对鸦片倒有相当交情，我痛恶鸦片，但我还是在鸦片烟灯旁长大的。我看守鸦片烟灯有八年之久（从十岁到十八岁），我却并未抽过一口，也不曾学会烧烟。这只是说来证明我对它的痛恶，决不是要洗刷自己，自标清白，因为我后来确抽过几口鸦片烟，不过那又是在另一种情形之下了。

有句俗话说："麻雀跟着蝙蝠飞，熬眼带受罪。"这本是讥笑不自量力妄欲跟人学样的人，然而用来指看打麻将和看抽鸦片的人也很合适，不过哗啦啦的牌声与呼噜噜的烟枪响却也给了旁观者不少的快乐，这倒是旁观者的旁观者所不能明白的了。我痛恶麻将较鸦片更甚，我从没有打过麻将，但守烟灯以前的我的生活又是在麻将桌旁过来的，因此我了解麻将的程度竟使人不能相信我没有打过。这一类的事，依我的感情来说，自然是命运同我开玩笑，其实又何尝不是最自然的现象呢？作诗而不愿谈诗的人固然较为少有，然而秃子确乎忌讳说癞痢，瞎子也一定不喜欢人家借灯笼给他的。

抽鸦片的滋味我敢说是说不出的好。不过得声明一点，要自己熬好了自己烧成泡，用自己的十年老枪，对着七拼八补的破烟灯罩，再配上一杯浓得发黑的苦茶，味道才十足。到听得腹内咕噜一响时，功德圆满，赛过登天了。尤其是自己熬最要紧。花烟间中即使有千娇百媚的侍女，究竟是烟客之意在乎大腿之间，不免隔了一层的。据我自己的经验，有一年刚听完隆隆的大炮声，胆战心惊之余，随着母亲去挖荠菜，挖了回来自己洗，洗完自己烧起火来，最后把自己包成的饺子送进嘴去的时候，真感到万分香甜，口涎都几乎不够了。又一次在公寓里自己做饭吃，忙了半天，还是把饭煮焦了，但依然有异常的香味。自己用力得来的总是好的。劳力从没有白费的，越是费的力大，结果的快乐就越多。熬鸦片实在是很麻烦的事：起火，烤纸，慢熬，紧煮，加灰，过滤，处处得留神，尤其是收膏的时候，一点不小心，就会太浓太稀或不匀的。然而收膏时的一阵香味，连从来不吸鸦片的人闻着也容易迷醉的。老实说，鸦片抽到嘴也远不如看到烟膏成功使人兴奋的。

旱烟和水烟的味道又与鸦片完全不同了。平常见到的乡间人用的旱烟袋多半是短短的，系着一袋烟，不过我以为用及肩的长烟袋吸烟叶才能尽旱烟之味。我吸旱烟是在十七岁那年念古书的时候。那时生活倒很纪律化，早晨写大字，上下午念诗、经书、古文，抄书，晚间下围棋。下棋的对手年纪虽很轻，却总拿着一杆长烟袋，于是我也顺便拿起另一杆闲着无人用的了。烟雾迷茫的小屋中对着一盘黑白棋子凝神，也颇能达到忘我的境界。烟叶有很浓的辣味，烟袋有手杖的好处，但最主要的是吸烟的同伴，因为独自一人在屋内抽嫌它太简单，到野外去它又只等于手杖了。水烟却是适合于独自一人的。我吸水烟时正听着大炮声，面前一位患神经病的舅舅和满柜满桌的破纸碎石，我守着一把水烟袋，独自咕咕噜噜响应着大炮的节奏，也抗拒了寂寞的压迫。

纸烟我不喜欢，因为它太无味、太简单、太短促，一会儿一支，又匆忙、又单调。我以为纸烟是烟中的下流，有如夜夜换客的娼妓是人类中的最无味的生存者，但娼妓可怜，纸烟却可弃。纸烟与跳舞同是我所不满意的新东西：它们自身既使人厌恶，而它们盛行的原因又很容易引起人的伤感或愤怒。不过话虽这样说，我自己近若干年来偶尔吸的仍是纸烟，而且我也决不反对人家跳舞，将来如有机会自己还想去试验一下呢。

我并不排新，很喜欢烟斗就是一个证据。我极厌恶吸纸烟用烟嘴，却很赞成人用烟斗。倒是因为烟嘴与烟斗使人联想到流氓与绅士，只是觉得烟斗有着烟袋的好处而已。绅士气反而是烟斗的坏处，因为绅士其实就是流氓，依然不使人有好感，不过这当然不是烟斗本身的过失。

我有个信条，便是不当不抽烟的人抽烟。若能因我抽而引起你抽，我便取出烟来大家一齐抽，否则我决不抽。若抽的人多、不抽的人少，我便助一烟之力，加浓已有的烟的氛氲，以期感化不抽烟的人。若那人虽不抽烟，却很能了解烟的滋味，愿意我抽，像我的母亲虽不读书却愿我读书一样，我便尊命抽起来，以求两人都得满意。若人家毫不解烟，你又无法分给他烟的佳味，你却当着他抽，这便是增加他人的痛苦以求自己的快乐。这种夸耀我以为可羞。故意对怕鬼的人谈鬼以显示自己的威风，乃是我所最痛恶的。

# 香烟与香烟画片

邓云乡

> 胡适之先生酒量惊人，而且爱喝酒，后来有个时期却戒酒了，但仍未戒烟，留下了著名的"纵然从此不饮酒，未可全忘淡巴菰"的名句。

## 香烟东来实录

说香烟画片先要说说香烟在中国的历史，而空口说白话，似乎如孔夫子说的"文献不足征也"，总是不够好的，因而不如先作个文抄公，抄点文献资料，来证实一下香烟在中国的历史。

中国人吸烟的历史并不长，一般是明末清初才开始的。一九二三年胡祖德编的《沪谚外编》民国二十五年增补版收有一支禁烟歌，对吸烟历史有简明扼要的记录。歌云："明朝时代没有烟，只有上等官僚吃潮烟，五更坐朝待漏院，吸一筒淡烟解解厌。清朝盛行黄广水八仙，长毛以后增水烟，道光季年又增鸦片烟，英国运来害尽中国美少年，广东抚台林则徐，一意严禁禁不绝。民国又增香烟雪茄烟，吸者众多几遍地，种种耗费难尽言……"

（按：林则徐先是钦差大臣后是总督，歌词误作抚台。）

至于香烟，歌中所记在民国，但实际上应该更早。据早期上海闻人李平书《且顽七十自叙》辛亥年十月记云：

> 十月，程雪楼都督委余为江苏民政司长……自前清甲午以后，中国始盛行纸卷香烟。日甚一日，风行甚速。皆

为中国人日吸之纸烟，支支衔接，可环遍地球，洵不虚也。自辛亥年，沪上有志之士，见斯祸亟于鸦片，乃创设禁吸纸烟会。五月初七日，张氏味莼园开大会，先一日伍秩庸先生邀余演说，余思生平固未吸纸烟，然日必吸吕宋烟三四支。今劝人不吸纸烟，何异五十步笑一百步，莫可往？继念此举适合吾意，若托词不往，于良心上亦说不过去，乃决计牺牲此三四支吕宋烟，是日登台先陈明自己不吸纸烟，独吸吕宋烟，今为奉劝大众，从今日起立志不吸。乃痛言吸烟之害，闻者颇动容。于是各业开会，莫不邀余随伍先生后。至九月初，路上几不见口衔纸烟之人。……不料光复以后，各处伟人莫不吸惯纸烟，堂堂都督府客厅陈以款客，而纸烟之命运，垂绝复苏，以至于今，竟无大力者起而议禁，吾不知此害伊于何底也。

李平书（1854－1927），名安曾，祖籍苏州，世居上海西门内。少年时任职《字林西报》，后游历新加坡，数任广东陆丰、新宁等县知县，罢官后回上海办实业。《自叙》是一九二二年写的，记纸烟事颇详，自是可靠。不过单文孤证，还感不够，不妨再看杨荫深《事物掌故丛谈》所记，在"饮料食品"章"烟"中记云：

烟由烟草的叶所制成的，烟草原产于美洲，故今犹以美国弗吉尼亚（Virginia）所出的烟叶相号召，其传入我国，则自吕宋……至于用纸卷的烟，即俗称纸烟或卷烟，那还是近数十年来的事，先由外洋所输入，至光绪二十八年，上海始有英美烟公司，就地制造，以其携带便利，吸者遂众。于是原有的旱烟水烟，遂渐渐地被它所淘汰完了。

杨氏的书是一九四五年世界书局出版的，所说香烟历史与李平书《自叙》同。这样我说的香烟历史就比较确切了。不过这还是上海和江南一带的情况，传至北京及北方小城镇那还要晚些。宣统元年兰陵忧患生《京华百二竹枝词》中有一首道："贫富人人抽纸烟，每天至少几铜元。兰花潮味香无比，冷落当年万宝全。"

诗后注云："兰花潮烟，李铁拐斜街万宝全最为著名，自纸烟盛行，不论贫富争相购吸，以趋时尚，兰花潮烟，几无人过问矣。"

先父汉英公青年时，正是宣统末年、民国初年的时代。六十年代初，有一次在北京家中，一位比他小一两岁的长辈亲戚来家作客，老弟兄在饭桌前边吃边谈，当时自然灾害时期，香烟很难买，发票供应。因而说起宣统年间香烟公司，作广告推销香烟的情况。先是在北京各闹市街头，用洋车拉着整车香烟，抬着广告牌子，敲着洋鼓，吹着洋号，行人经过，拉着衣袖，往手里塞整盒香烟，有的人还不要，随手又扔在路边。在故乡山西县城里，镇上，则拉着整车香烟，吹吹打打，穿街而过，一边走，一边向两面柜台里扔整盒的香烟……两位老弟兄，一边慨叹此时的一盒次烟，还要凭票供应，十分紧张；一边神采飞扬，挥身比势，形容当年香烟推销时的不值钱，没人要……说来真像梦一样。而我今日写此文时，两位老人兴高采烈、谈话时的神情亦历历如在目前，正如古人所说：后之视今，亦如今之视昔，真不胜时光如驰之感了。

悠悠百年，不知几度沧桑，说到香烟，也是一样。李平书所记的"禁吸纸烟会"，父亲与他老表弟感慨话古所说的满街扔香烟、不要钱等等在我的记忆中是没有的了。我有记忆时，已是满街贴着"还是它好"的大号哈德门香烟广告、孩子们争着玩香烟画片的时代了。

## 香烟牌子

为了介绍清楚，先把当时，即由民国初年到"七·七"事变以前一些香烟牌子作个介绍：

茄力克（Garrik），这是最高级的香烟，英国直接进口，上海天津等地都不生产，五十支听装，一块银元一听，是达官贵人、豪富吸食的。当时有民谣："眼上戴着托立克，嘴里叼着茄力克，手里拿着司梯克。"王了一先生散文《手杖》中曾用过这首民谣，见《棕榈轩詹言》之十。

三九牌（999）烟支细长，只有富豪女太太们吸。五十支听装。

三五牌（555）听装，也是高贵烟，价格同以上两种，也是英国生产，上海不生产。

白锡包（Capstan），上海俗称绞盘牌，因烟盒上印有轮船的绞盘而得名。白锡包是指烟盒内有锡纸，外面白纸包装。又因白纸上印蓝色图案、英文商标，天津、北京又称之为蓝炮台。有听装，亦多廿支盒装者。

绿锡包（The Three Castles）。因烟盒绿色，叫绿锡包。但南北更多俗称"三炮台"，同白锡包一样，是当时十分流行的高级烟。五十支听装卖五角，二十支盒装卖二角。以上两种烟，开始进口，后来英美烟草公司、颐中烟草公司均在上海、天津取进口大桶烟丝，就地生产。还有一种黄色包装的，俗称"黄炮台"，行销不广，售价与以上两种同，都是高级烟。

红锡包（Ruby Queen），上海俗称"大英牌"，北方俗称"大粉包"，粉红色听装或盒装，盒装十支，售价一角。听装每元三听。行销最广。最受工薪阶层欢迎。另有细支者，北方称之为"小粉包"，亦甚普遍。

强盗牌（The Pirate），俗称老刀牌，十支装，行销极广，深入内地。价与小粉包同。以上均英商英美烟公司生产销售。均用外文商标。此外该公司均在上海、天津等地用中国烟叶生产之香烟，用中文商标，以品质高下排列如下：

大前门　行销最广、最久，现在仍有此牌。

哈德门　行销亦广、亦久，但次于"前门"。

大婴孩　南方叫"小囡牌"，多行销农村。

公鸡牌　多行销农村。

生产香烟，开始只有英商英美烟公司，后称颐中烟公司，不久

即有南洋兄弟烟草公司由香港到上海开厂,据民国八年《北京旅行指南》该公司所登广告,有:

> 大喜牌十支盒装、五十支听装均有。长城牌包装亦同上。其广告词云:"南洋兄弟烟草公司,真正国货。民国八年,本公司创设已有十六年。所制各烟,纯用本国黄冈、南雄、均州等处所采烟叶,品质优良,气味香醇,如大喜、长城等烟,尤为价廉物美,远近驰名,爱国诸君,幸垂购焉。"

据此亦可证南洋兄弟烟草公司之历史。此外记忆中之香烟牌号,如:人顶球牌、白金龙、大联珠、翠鸟牌,在北方城乡间,亦十分普遍。均十支小盒,五十盒一大匣。价钱都不贵,然其出产公司,已记不清,一时无法查考了。在二十年代后期,亦有宁波人陈楚湘、戴耕莘在沪创办华成烟公司,出"金鼠牌"香烟,其商标非常像"茄力克"之狮身人面卧像。当时亦无人议论其商标。此牌香烟,价格低廉,行销农村甚广。后又出著名之"美丽牌"高档香烟,烟盒中间印一椭圆形时妆女士像。"美丽牌"香烟质量又好,价格适中,在中高档烟中,吸者最多,一时超过大英牌和大前门。香烟广告亦在各大报章、杂志及各闹市大广告牌上刊载。

前文所述,只及英美烟公司、南洋兄弟烟公司、华成烟公司,这些都是最大的几家。但香烟生意,是一种税收最多、最赚钱的生意,不但竞争剧烈,而且前半世纪中,投资此项生意的小厂也多,手头资料,自清末民初,直到三四十年代,就有"上海瑞华"、"中国蕙南"、"上海和兴"、"上海中兴"、"中华海员"、"上海福新"、"上海锦华"等烟草公司。这自是极少的一部分,其间开业、倒闭、再开业,又不知有多少,兴废之间,也是一部小小的沧桑史了。以上说的还主要是上海一市,其它天津、青岛当时也有一些香烟厂,地方如山西阎锡山西北实业公司,也办过香烟厂,生产过"雁门关"、"五台山"牌香烟,但时间不长,知者已很少了。

　　三四十年代,国人吸烟,都习惯吸英国式香烟,好的是弗吉尼亚烟叶制造,国产烟叶多用凤阳(安徽)、许昌(河南)、黄冈(湖北)、南雄(广东)、均州(河南禹县)等地所产。"七·七"事变前,几乎极少人吸美国烟,如"骆驼"、"吉士"等牌子。美国烟的流行是抗战胜利后才开始的。这时早已没有香烟画片了。

## 香烟画片

　　诸多商标的香烟,除去开烟厂的老板而外,要许许多多从业人员。这中间管理人员、生产工人、运输、销售等不要说了,而且还要好的印刷厂、印刷工人,更重要的是美术设计人员。漂亮的烟盒要美术设计,广告要设计,要画师画时装仕女画。为"美丽牌"画广告的谢之光,就是一时著名的专画香烟广告的画家。还有不少专门给香烟画片作画稿的不知名画师,这些画片最为儿童、小学、初中的学生喜爱,因而这些不知名的画师也可以说是早期的"儿童读物画家"。因为香烟是大人吸的,而烟盒里的画片却是当年儿童最爱玩的玩具。烟盒里的画片是什么时候开始有的,这个问题恐怕很难确切回答,但可以肯定,在清代光绪末年、宣统年间就十分普遍了。手头的画片资料,里面画的三百六十行,就全是梳辫子的。有一张上海瑞华烟公司的画片,背面印着龙旗,这是清末大清国的国旗,现代人已很少见到了。

　　我开始懂得玩香烟画片,要推回到六十七八年前,即一九二八年左右,那时我虚龄五岁,刚刚有记忆,开始懂事。家住在太原,每天家中客人不少,常常在打开烟盒吸烟时,把烟盒中的画片顺手拿给我玩,花花绿绿,虽然好玩,但我年龄还太小,太幼稚,玩玩就扔了,也不知上面画的甚么?第二年冬天由省会太原回到山乡老家,后来读书了,同学们也有攒香烟画片的,乡下叫"洋片",或叫"洋画",我虽然不是专一地玩这些画片,但总也不时收集一些,一扎一扎地用线绑起来,放在书箱中。但乡间吸香烟的少,牌子也不多。再过五六年，到了北京，当时父亲已经不吸香烟了，家中也不再像乡间一样，准备一些待客的香烟，因而在家中收集香烟画片，已十分困难了。但在我上学的路上，却发现了乡间没有的东西，一个花白头发摆小摊卖买旧画片、旧邮票的老头，每天放学时，总招引许多小学生、初中生围着摊子看，这使在乡间就爱好香烟画片的我，一下子大开眼界了，他摊上也买、也卖，小朋友三五张、十张八张他都要，两三个、十来个铜元的生意。买的价钱稍有高低，但卖的价钱相差就悬殊了。因为成套的香烟画片，如"水浒"、"三国"、"封神演义"等人物，烟厂装盒子时，并不平均，有的人物特别多，有的特别少，要配成一套，如"水浒"一百零八将，常常配到一百零几了，独缺三五张，十分难找，这样，这几张稀少的就特别值钱了。当年"大联珠"牌香烟中的画片攒成全套的，可以换一部自行车，但熟悉的小朋友中却没有一个人能攒成全套的，但这个诱惑和幻想也一直在吸引着每一个玩香烟画片的幼稚的心。我是乡下孩子初到北京，对于那一种独缺哪几张，另一种又独缺哪几张，听同学们和那小贩老人讲说起来，津津有味，如数家珍，但我常常是茫然的。在这小摊上，人少的时候，老人也给我看过黄边整套"水浒"、"红楼梦"人物。我对一个个彩色小人，各种古装，并不十分感兴趣。我在乡下家中，玩得最多的是哈德门香烟中的戏文画片，甚么"三娘教子"、"南天门"、"武家坡"、"回荆州"等戏剧人物，乡下一年几次唱，因此很熟，也感兴趣。印象中有两张独特的印刷最精美，好像是薛仁贵、陆文龙，四周有金线花边，印刷的纸也好。家中每隔个把月就买一大盒香烟"五十小盒"，如现在皮鞋盒大小，来人多时，一天就能得到两三张画片，但重复的多，而且始终不知这套戏剧画片一共有多少张。当时香烟一般都是十支装的，二十支大盒很少，大盒中放有大画片，十分难得。我记不清是哪里得到的，有十几张印刷精美的风景大画片，是近似照像的西洋画，水边桥的倒影、树的倒影都十分清楚，我十分喜爱这些画片，常常一个人拿出来玩，梦想着山乡外面的世界。

我为了写这篇文章,曾讨教于比我大十来岁的老友,请他们写信告诉我一些回忆,以补我记忆之不足。这几位朋友都是老上海:他们是外国语学院退休的周退密教授,出身上海名门,其尊人是旧上海"〇〇一"号汽车拥有者。他认识美丽牌香烟法律纠纷的当事人及其孩子。第二位是曾在林语堂主办的《论语》时代就出名的作家周劭先生,他是华成烟公司老板戴耕莘先生公子戴龙翔在东吴大学的同窗好友。第三位是画家钱夷斋(名定一)老先生,是不少当年著名香烟广告画家的好友。几位老人都告诉我不少故事,现将夷斋先生信抄两段在下面:

> 烟草公司当时在听装或匣装香烟(当时只有十支装硬匣,尚未风行二十支软匣)内,都附入一张香烟牌子,上面都印有单色或彩色的图画或照片。如明星照和风景照片,但多数是画的"三国志"和"封神榜"人物,每张一人,也有戏出多人场面,还有花鸟及民间风俗等画面,内容极为广泛,数量也庞大,有的一整套要一百多张。以后不乏收集香烟牌子的收藏家。我曾在四十年代在孟德兰路(今江阴路)一姚姓家(忘却名字)看过他收藏的各种香烟牌子,有数万种之多,而且大多是整套的,大小各不相同,真是洋洋大观。所以在抗战前,像我在幼年时,都有收集香烟牌子的爱好,孩子们玩弄香烟牌子,风气很盛,直到抗战爆发前后,香烟匣内才取消了附赠香烟牌子,目前在过去年代盛行的香烟牌子,已难于看到了,已成历史陈迹。

几位老年好友都说香烟画片是在抗日战争后消失的,当时战火纷飞,已无暇及此了。一个小小的香烟画片也萦系着承平时代的童年欢乐梦,也均破灭于日寇的侵略炮火,几位老年好友,均感慨系之。

儿童玩的香烟小画片之外,还有为香烟作广告的月份牌,夷斋兄也在函中介绍说：

> 除香烟牌子外，香烟公司另外做广告的方法，就是每年印送月份牌，亦即现在的年历。当时的月份牌印得很大，有整张，也印得比较讲究，民间都把它悬挂室内。内容都是画的美人，画得很时髦，也有画儿童的形象。画法是用擦笔画加水彩，用喷笔画出来。这是专门在月份牌上流行的一种特殊画法。因此画面十分细腻准确，美丽悦目，容易吸引人。但这是商业性的，并非艺术性的。在当时流行全国，极为风行，这种类似月份牌的画，一九四九年以后还有生产，都改为新内容的月份牌年画了。在春节专销农村，近年已衰落。
>
> 关于香烟广告月份牌的作者，最早开始于民国初年，由郑曼陀最早使用这种画法，所以他是中国使用擦笔水彩喷画最早的一人。其后有杭稚英、谢之光、金梅生、张碧梧、金雪尘、李慕白，都是擅画月份牌香烟广告画的人，其中杭稚英名望最大，另外谢之光及华成烟公司的张秋寒等，均擅画报刊香烟广告（黑白的），名声很大，谢后改画国画，张则专画香烟包装，一度在50年代和我共事过。

从老友钱夷斋先生函中，可为本世纪前半的香烟画片、广告等等美术从业人员留一历史资料纪录，也是十分有意义的。

香烟是高税率商品，利润从开始就是很高的，记得有一年年终时天津《大公报》刊载着颐中英美烟公司，一年纯利润四百万银元。先父汉英公看了非常吃惊，从那年春以后就不再吸纸烟，并且自嘲道："从今年开始，你再赚不到我的钱了。"这时还在乡下，后来不久，就到了北京（当时叫北平），直到一九六七年去世，就没有吸过香烟。可是社会上这样不吸烟的人还是太少了。许多著名学子都吸香烟，鲁迅先生就更不要说了，据知堂老人回忆，青年时，鲁迅先生每天早起一醒来先在枕上吸两支烟再起床，平时和人谈话，总是一支接一支的。胡适之先生酒量惊人，而且爱喝酒，后来有个时期却戒酒了，但仍未戒烟，留下了著名的"纵然从此不饮酒，未可全忘淡巴菰"的名句。只有知堂老人从来不吸香烟，说："用看闲书代替吸香烟。"这在当年专讲"烟士披里纯"（inspiration，"灵感"的译音）——（恕我说笑话）——的时代，似乎也是绝无而仅有的了。上海在本世纪开始，就开过禁吸纸烟的大会，而一百年过去了，却到处烟雾腾腾，买纸烟比买什么东西都方便……真是值得人们深思了。

# 烟 卷

朱 湘

> 我咀嚼生活,并不曾咀嚼出多少的滋味来,那么,我之不知烟味而作了一个吸烟的人,也多少可以自宽自解了。

我吸烟是近四年来的事——从前我所进的学校里,是禁止烟酒的,——不过我同烟卷发生关系,却是已经二十年了。那是说的烟卷盒中的画片,我在十岁左右的时候,便开始收集了。我到如今还记得我当时对于那些画片的搜罗是多么热情,正如我当时对于收集各色的手工纸,各国的邮票那样。有的是由家里的烟卷盒中取来的,恨不得大人一天能抽十盒烟才好;还有的是用制钱——当时还用制钱,——去,跑去,杂货铺里买来的。儿童时代也自有儿童时代的欢喜与失望:单就搜集画片这一项来说,我还记得当时如其有一天那烟盒中的画片要是与从前的重复了,并不是一张新的,至少有半天,我的情感是要梗滞着,不舒服,徒然的在心中希冀着改变那既成的事实。收集全了一套画片的时候,心里又是多么欢喜!那便是一个成人与他所恋爱的女子结了婚,一个在政界上钻营的人一旦得了肥缺,当时所体验到的鼓舞,也不能在程度上超越过去。

便是烟卷盒中的画片这一种小件的东西,就中都能以窥得出社会上风气的转移。如今的画片,千篇一律的,是印着时装的女子,或是侠义小说中的情节;这一种的风气,在另一方面表现出来,便是肉欲小说与新侠义小说的风行,再在另一方面表现出来,便是跳舞馆像雨后春笋一般的竖立起来,未成年的幼者弃家弃业的去求侠客的记载不断的出现于报纸之上。在二十年前，也未尝没有西洋美女的照相画片，——性，那原是古今中外一律的一种强有力的引诱；在十年以前，我自己还拿十岁时候所收集的西洋美女的照相画片之内的一张剪出来，插在钱夹里。——也未尝没有《水浒》上一百零八人的画片，——《水浒》，它本来是一部文学的价值既高，深入民心的程度又深的书籍，可以算是古代的白话文学中惟一的能以将男性充分的发挥出来的长篇小说，（我当时的失望啊，为了再也搜罗不到玉麒麟卢俊义这张画片的缘故！）——不过在二十年前，也同时有军舰的照相画片，英国的各时代的名舰的画片，海陆军官的照相画片，世界上各地方的出产物的画片。……这二十年以来，外国对于我国的态度无可异议的是变了，期待改变成了藐视，理想上的希望改变成了实际上的取利，由画片这一小项来看，都可以明显的看见了。

当时我所收集的各种画片之内，有一种是我所最喜欢的，并不是为的它印刷精美，也不是为的它搜罗繁难。它是在每张之上画出来一句成语或一联的意义，而那些的绘画，或许是不自觉的，多少含有一些滑稽的意味。"若要工夫深，钝铁磨成针"，"爬得高，跌得重"，以及许多同类的成语，都寓庄于谐的在绘画中实体的演现了出来，映入了一个上"修身"课，读古文的高小学生的视觉……当时还没有《儿童世界》、《小朋友》，这一种的画片便成为我的童年时代的《儿童世界》、《小朋友》了。

画片，这不过是烟卷盒中的附属品，为了吸烟卷的家庭中那般儿童而预备的，在中国这个教育，尤其是儿童教育落伍的国家，一切含有教育意义的事物，当然都是应该欢迎、提倡的。——不过就一般为吸烟而吸烟的人说来，画片可以说是视而不见的；所以在出售于外国的高低各种，出售于中国的一些烟盒、烟罐之内，画片这一项节目是蠲除去了。

烟卷的气味我是从小就闻惯了，嗅它的时候，我自然也是感觉到有一种香味，——还有些时候，我撮拢了双掌，将烟气向嗅官招了来闻；至于吸烟，少年时代的我也未尝没有尝试过，但是并没有尝出了什么好处来，像吃甜味的糖，咸味的菜那样，所以便弃置了不去继续，——并且在心里坚信着，大人的说话是不错的，他们不是说了，烟卷虽是嗅着烟气算香，吸起来都是没有什么甜头，并且晕脑的么？

我正式的第一次抽烟卷，是在二十六岁左右，在美国西部等船回国的时候；我正式的第一次所抽的烟卷，是美国国内最通行的一种烟卷，"幸中"（Lucky Strike）。因为我在报纸、杂志之上时常看到这种烟卷的触目的广告，而我对于烟卷又完全是一个外行，当时为了等船期内的无聊，感觉到抽烟卷也算得一条便利的出路，于是我的"幸中"便落在这一种烟卷的身上。

船过日本的时候，也抽过日本的国产烟卷，小号的，用了日本的国产火柴，小匣的。

回国以后，服务于一个古旧狭窄的省会之内，那时正是"美丽牌"初兴的时候，我因为它含有一点甜味，或许烟叶是用甘草焙过的，我便抽它。也曾经断过烟，不过数日之后，发现口的内部的软骨肉上起了一些水泡，大概是因为初由水料清洁的外国回来，漱口时用不惯霉菌充斥着的江水、井水的缘故。于是烟卷又照旧的吸了起来，数日之后，那些口内的水泡居然无形中消灭了；从此以后，抽烟卷便成为我的一种习惯了。医学所说的烟卷有毒的这一类话，报纸上所登载的某医士主张烟卷有益于人体以及某人用烟卷支持了多日的生存的那一类消息，我同样的不介于怀……大家都抽烟卷，我为什么不？如其它是有毒的，那么茶叶也是有毒的，而茶叶在中国原是一种民需，又是一种骚人墨客的清赏品，并且由中国销行到了全世界，——好像烟草由热带流传遍了全世界那样。有人说，古代的饮料，中国幸亏有茶，西方幸亏有啤酒，不然，都来喝冷水，恐怕人种早已绝迹于地面了，这或许是一种快意之言，不过，事物都是有正面与反面的。烟、酒，据医学而言，都是有毒的，但是鸦片与白兰地，医士也拿了来治病。一种物件在施用的时候：

我们不能说是有毒或无毒，只能说，适当、不适当的程度。

抽烟卷正式的成为我的一种习惯以后，我便由一天几支加到了一天几十支，并且，驱于好奇心，迫于环境，各种的烟卷我都抽到了，江苏菜一般的"佛及尼"与四川菜一般的"埃及"，舶来品与国货，小号与"Grandeur"，"Navycut"与"Straight cut"，橡皮头与非橡皮头，带纸嘴的与不带纸嘴的，"大炮台"与"大英牌"，纸包与"听"与方铁盒。我并非一个为吸烟而吸烟的人，——这一点自认，当然是我所自觉惭愧的，——我之所以吸烟，完全是开端于无聊，继续于习惯，好像我之所以生存那样。买烟卷的时候，我并不限定于哪一种，只是买得了不辣咽喉的烟卷的时候，我决不买辣咽喉的烟卷，这个如其算是我对于烟卷之选择上的一种限定，也未尝不可。吸烟上的我的立场，正像我在幼年搜罗画片，采集邮票时的立场，又像一班人狎妓时的立场；道地的一句话，它便是一般人在生活的享受上的立场。

我咀嚼生活，并不曾咀嚼出多少的滋味来，那么，我之不知烟味而作了一个吸烟的人，也多少可以自宽自解了，我只知道，优好的烟卷浓而不辣，恶劣的烟卷辣而不浓。至于普通的烟卷，则是相近而相忘的，除非到了那一时没得抽或是那抽得太多了的时候。

橡皮头自然是方便的，不过我个人总嫌它是一种滑头，不能叼在唇皮之上，增加一种切肤的亲密的快感，即使有时要被那烟卷上的稻纸带下了一块唇皮，流出了少量的血来，个人的，我终究觉得那偶尔的牺牲还是值得的，我终究觉得"非橡皮头"还是比橡皮头好。

烟嘴这个问题，好像个人的生活这个问题，中国的出路这个问题一样，我也曾经慎重的考虑过。烟嘴与橡皮头，它们的创作是基于同一的理由。不过烟嘴在用了几天以后，气管中便会发生一种交通不便的现象，在这种的关头上烟油与烟气便并立于交战的地位，终于烟油越裹越多，烟气越来越少，烟嘴便失去烟嘴的功效了。原来是图求清洁的，如今反而不洁了；吸烟原来是要吸入烟气到口中，喉内的，如今是双唇与双颊用了许大的力量，也不能吸到若干的烟气，一任那火神将烟卷无补于实际的燃烧成了白灰，黑灰。肃清烟嘴中的积滞，那是一种不讨欢喜的工作；虽说吸烟是为了有的是闲工夫，却很少有人愿意将他的闲工夫用在扫清烟嘴中的烟油的这种工作之上。我宁可去直接的吸一支畅快的烟，取得我所想要取得的满足，即使熏黄了食指与中指的指尖。

有时候，道学气一发作，我也曾经发过狠来戒烟，但是，早晨醒来的时候，喉咙里总免不了要发痒，吐痰……我又发一个狠，忍住；到了吃完午饭以后，这时候是一饱解百忧，对于百事都是怀抱着一种任其所之，于我并无妨害的态度，于是便记忆了起来自己发狠来戒吸的这桩事件，于是便拍着肚皮的自笑起来，戒烟不戒烟，这也算不了怎么一回大事，肚子饱了，不必去考虑罢……啊，那一夜半天以后的第一口深吸！这或者便是道学气的好处，消极的。

还有时候，当然是手头十分窘急的时候，"省俭"这个布衣的，面貌清癯的神道教我不要抽烟，他又说，这一层如其是办不到，至少是要限定每天吸用的支数。于是我便用了一只空罐装好今天所要吸的支数；这样实行了几天，或是一天，又发生了一种阻折，大半是作诗，使得我悖叛了神旨，在晚间的空罐内五支五支的再加进去烟卷。我，以及一般人，真是愚蠢得不可救药，宁可将享受在一次之内疯狂的去吞咽了，在事后去受苦，自责，决不肯，决不能算术的将它分配开来，长久的去受用！

烟卷，我说过了，我是与它相近而相忘的；倒是与烟卷有连带关系的项目，有些我是觉得津津有味，常时来取出它们于"回忆"的池水，拿来仔细品尝的。这或许是幼时好搜罗画片的那种童性的遗留罢。也许，在这个世界上，事物的本身原来是没有什么滋味，它们的滋味全在附带的枝节之上罢。

烟罐的装潢，据我个人的嗜好而言，是"加利克"最好。或许是因为我是一个有些好"发思古之幽情"的文人，所以那种以一个蜚声于英国古代的伶人作牌号的烟卷，烟罐上印有他的像，又引有一个英国古代的文人赞美烟草的话，最博得我的欢心。正如一朵花，由美人的手中递与了我们，拿着它的时候，我们在花的美丽上又增加了美丽的联想。

广告，烟卷业在这上面所耗去的金钱真正不少。实际的说来，将这笔巨大的广告费转用在烟卷的实质的增丰之上，岂不使得购买烟卷的人更受实惠么？像一些反对一切的广告的人那样，我从前对于烟卷的广告，也曾经这样的想过。如今知道了，不然。人类的感觉，思想是最囿于自我，最漠于外界的……所以自从天地开辟以来，自从创世以来，苹果尽管由树上落到地上，要到牛顿，他才悟出来此中的道理；没有一根拦头的棒，实体的或是抽象的，来击上他的肉体，人是不会在感觉，思想之上发生什么反应的。没有鲜明刺目的广告，人们便引不起对于一种货品的注意。广告并不仅仅只限于货品之上，求爱者的修饰，衣着便是求爱者的广告，政治家的宣言便是政治家的广告，甚至于每个人的言语，行为，它们也便是每个人的广告。广告既然是一种基于人性的需要，那么，充分的去发展它，即使消费去多量的金钱，那也是不能算作浪费的。

广告还有一种功用，增加愉快的联想。"幸中"这种烟卷在广告方面采用了一种特殊的策略；在每期的杂志上，它的广告总是一帧名伶、名歌者的彩色的像，下面印有这最要保养咽喉的人的一封证明这种烟并不伤害咽喉的信件，页底印着，最重要的一层，这名伶、名歌者的亲笔签名。或许这个签字是公司方面用金钱买来的，（这种烟也无异于他种的烟，受惠的人并不至于受良心上的责备。）购买这种烟卷的人呢，我们也不能说他们是受了愚弄，因为这种烟卷的售价并没有因了这一场的广告而增高，——进一步说，宗教，爱国，如其益处撇开了不提，我们也未尝不能说它们是愚弄。这一场的广告，当然增加了这种烟卷的销路，同时也给与了购者以一种愉快的联想；本来是一种平凡的烟卷，而购吸者却能泛起来一种幻想，这个，那个名伶，名歌者也同时在吸用着它。又有一种广告，上面画着一个酷似那"它的女子"Clara Bow 的半身女像，撮拢了她的血红的双唇，唇显得很厚，口显得很圆，她又高昂起她的下巴，低垂着她的眼睑，一双瞳子向下的望着；这幅富于暗示与联想的广告，我们简直可以说是不亚于魏尔伦（Velaine）的一首漂亮的小诗了。

抽烟卷也可以说是我命中所注定了的，因为由十岁起，我便看惯了它的一种变相的广告，画片。

# 割烟叶

张 炜

> 这一辈子都得在这烟地里做活了，就是这样！你多想想这是一辈子的事，你就不会马虎了。你就会想想办法，把日子过得有意思些。

从月亮的位置来看，天是到了午夜了。露水真盛，烟叶上湿淋淋的，像刚落过了一阵小雨。水珠挂在叶子的边缘上，在月色里闪着亮。田野上到处都是"嚓嚓"的声音。不知有多少割烟刀正从烟秸上划过。

年喜割着烟，老打哈欠。有一次烟刀削下去，差点儿削了手指，他心里一惊，睡意立刻没了。

邻地升起一堆火，颜色很红。他立刻觉得身上冷起来，摸摸棉衣，棉衣已经湿漉漉的了……他迎着那火走了过去。

跛子老四就坐在火边上割烟。他原来先将烟棵齐根斩断，再坐下来割烟叶。他的面前就放着一块被烟汁染绿的木垫板，几柄形状不同的烟刀。他的身侧还放了一个录音机、一些杂七杂八的东西。他就像没有看见有人在旁边蹲下来一样。

年喜在看他割烟：一个又高又大的烟棵放到垫板上。接着被一只大手按住。另一只手伸下刀来，"哧哧"地割起来。仿佛只用了刀尖，左一拨右一拨，每个烟叶就带着属于它的那截烟骨掉下来了，而且顶叶、中叶和底叶各自分开。所带的烟骨的形状也有所不同。

真好刀法。这简直不是割烟，是熟练的医生解剖一个什么生物。年喜对跛子老四佩服极了。

"四叔，该歇歇了。"年喜两手抄在袖筒里，说。

跛子老四当啷一声摔了刀子，说："歇歇！"

他从火堆里面掏出一个大泥蛋，砸开。露出喷香喷香的肉来。他又找出了一个瓷酒瓶儿，对在嘴上喝一口。他一手将酒瓶递给年喜，一手撕下一条肉来放进嘴里。

"什么肉咪？"年喜喝了酒以后问。

"好酒啊！"跛子老四抹抹嘴巴说。

"什么肉咪？"

跛子老四头也不抬："你就吃罢！"……

喝过几口酒，两个人的脸都红了。跛子老四的话开始多起来。他问年喜烟割了一半没有？年喜说没有。他失望地摇摇头，嘴里发出"嗒嗒"的声音。他说：

"你割烟怎么不在地里生堆火呢？割了手怎么办？"

年喜说："我看好多人也不生火……"

"他们！"跛子老四抬头往远处瞥了一眼，生气地说，"你能跟他们学吗？跟他们学能成个好种烟把式吗？一夜一夜坐在地里，没有火，寒气都攻到身上去了；再说这火苗一跳一跳，也是你在烟地里的一个伴儿；想吃什么了，放火里烧烧就是……怎么能不点一堆火？"

年喜笑了。

刚毕业回村时，年喜就觉得这个拐腿老四有意思。一块儿在海滩上种花生时，他发现对方能趁那条跛腿着地时将花生种扔进坑里，十分省力、十分巧妙……烟田承包后，跛子老四的烟叶又是全村里最好的……

跛子老四又喝了一口酒，开始抽烟了。他的烟袋很奇特：烟杆儿只有二寸长，烟锅儿也只有大拇指甲大。年喜忍不住问："这么小的烟袋锅呀！"

跛子老四磕了烟灰，又重新装上一锅烟。他厚厚的眼皮抬也不抬，说，"我还嫌它大哩！"

年喜又撕了一块肉吃。这肉真是香极了。他从心里羡慕起跛子老四晚上的生活来。

跛子老四连吸了五六锅烟，就将小烟斗递过来。

年喜连忙摆手："不会，我不会吸烟，吸了咳嗽……"

跛子老四大失所望地收起烟斗说："年喜你啊，嘻嘻……你完了。"

"我怎么就完了？"

"种烟人不会吸烟，还不是完了？"

年喜红着脸说："好多人就不会吸的……"

跛子老四生气地蹲起来："我说过一遍了——你能跟他们学吗？跟他们学能成个好种烟把式吗？你不会吸烟，能知道你种的烟叶什么味道么？烟叶到了集市上，你得轮番尝一遍，什么味儿要什么价钱！嘻嘻……"

"味儿能差多少！"

"什么？"跛子老四气愤地站起来，"种烟人不就求个'味儿'吗？差多少？差一丝也别想瞒过我……"

年喜就让他转过身去，然后分别将一个顶叶、中叶和底叶放在火上烘干，揉碎了分开让他尝。他每种只吸两口，就分毫不差地指出：这是顶叶，这是中叶，那是底叶子！

年喜惊讶地看着他。

"别说这个，你就是使了什么肥，也别想瞒我……"这倒有点玄。年喜跑到自己地里取来几片不同的烟叶，烘干了让他吸。他这回眯着眼睛，再三品尝。最后说：

"这份烟叶味儿厚，使了豆饼！那份辣乎，使过大粪！那份平和，大半使了草木灰……对不对？"

年喜拍打着手掌，连连说："绝了！绝了！"

跛子老四摇着头："到底是个'学生'……这有什么绝的！种烟人就得这样。"

他说完又喝了一口酒，擦着嘴巴说："好酒啊……"

年喜长时间没吱一声。他在想着什么。

跛子老四放下酒瓶，惬意地往火堆跟前凑一凑。停了一会儿，他又回手按了一下录音机。

有个女人在里面唱。是一首近来常常听到的歌，但年喜记不起这叫什么歌了……他请跛子老四重新按一次。

……
烟叶丰收了。
多么叫人喜欢，
我们拣烟叶，
不怕劳累加油干，
一片片呀拣起挂在小棚间。

"嘿嘿，是唱'烟叶'的！四叔你听……"年喜可听明白了，叫着。

我们把晒干的烟叶，
一捆捆包扎严，
把它送到远方……

跛子老四笑着说："她要不是唱烟叶，咱还听么？"
年喜笑了。

跛子老四烘着手，又转过去烘着后背。他说："种烟人不易哩。你想想从种到收，在这田里熬了多少夜？割了烟再晒干，一夜一夜都得在这地里守着，不易哩！生一堆火，喝口酒，身上热乎起来，这就不怕湿气了；吃点东西，长一些精神，一些劲头，这半夜才能熬过来。吸烟也是长精神的好办法……"

"录音机也是好东西。"

"好东西！一个人孤孤独独地坐在烟地里，就好听它说唱了。听它唱唱也有好处。又不是今天做了明天不做，不是；这一辈子都得在这烟地里做活了，就是这样！你多想想这是一辈子的事，你就不会马虎了。你就会想想办法，把日子过得有意思些。"

"一辈子"三个字使年喜心里沉重起来。他不由得要去想今后那漫长无边的种烟的日子，那数不清的劳苦和欣喜……他仰望着闪烁的北斗，心头升起一股肃穆的、冷峻的感觉……

"四叔……"

年喜叫着，可他也想不起要说些什么。

跛子老四就像没有听见。他欠身去给火堆上加几块木头。坐下来，他把剩下的一点肉吃了，又饮一口酒，惬意地咂着嘴。

年喜盯住了那从肉团上剥下来的泥巴，问："这到底是什么肉呢？"

"刺猬肉……"

年喜感兴趣地咂了咂嘴。他说："我还以为你是从家里带来的什么肉哩，嘿嘿，想不到……"

"成夜地坐在外边，该吃点野物。"跛子老四站起来往西望着说，"我在河湾上下了'撞网'，堤下坡设了野兔子的拦扣……停一会儿我就去转转，弄着野物就捎回来。"

年喜的眼睛一直没有离开过跛子老四。他自语似地说："这些方法，别人都不会……"

跛子老四转过身来："我早说过。你能跟他们学吗？跟他们学能成一个好种烟把式吗……"

年喜点点头，往火堆前凑了凑。

# 几种吸烟的姿势

钦　文

> 当说不圆话的时候，就以吸烟做由头，乘机思索考虑一番，即使烟火已经灭掉，也会照样空吸一阵，大有"醉翁之意不在烟"之概。

我常常眼热会得吸烟的人，因为觉得他们有趣：一罐美丽牌或者白金龙，啪啪地打开，你一根，我一支，有说有笑，于弥漫的烟雾中大家亲亲昵昵，一团和气。而且抽吸的姿势各不相同：或者歪翘嘴巴，或者侧转头脸，或者仰面注视由口中喷腾的烟环，也有是微合两眼陶醉了的，都有一种特殊的神情。好像一般的人，总要吸着了烟才会真情毕露，大概在吸烟的时候总是显现了本来的面目的。

故乡有一种乞丐，算是专门捕蛇的，其实只是拿着蛇啰硬要钱，以放毒蛇进门的恐吓为手段。他们到了认作富家的门口，一在阶石上面坐下，总就吸起潮烟来。烟管由细小的老头毛竹做成，所谓做，只是打通关节，再钻上个孔作为烟斗罢了。一钟烟吸一口，嗤地吸了，随口"呼"地吹出烟蒂头。等到那小小的烟灰带着微弱的火星从空中跳到了地面，才又动手缓缓地装上第二钟。一口一口地抽吸，会得接连三四点钟不停止，悠悠然，荡荡然，成竹在胸，满不在乎的样子。幼时我常到门缝里去窥看，于厌恶之中非常佩服。

田和尚，就是专为买卖田地做中人的，总捏着一支长长的旱烟管，黄黄的象牙咬嘴比乌烟管更粗，固然满张嘴巴还是难以衔住的，而且伸长的下巴，故意做得咬不牢的样子。轻轻地吸一阵，缓缓地说几句，若无其事，若有其事。这是因为，无论出主受主，对于契价，总是不肯直接痛快明言的，一面想多卖几元，一面想少出几块，往往相差很大，全靠田和尚花言巧语地拉搭拢来。当说不圆话的时候，就以吸烟做由头，乘机思索考虑一番，即使烟火已经灭掉，也会照样空吸一阵，大有"醉翁之意不在烟"之概。

　　吸惯了鸦片烟的人，当失瘾时，垂头丧气，涕泪交流，简直不像人样。可是一在烟盘旁边躺下，点着烟灯，提起烟枪，就会笑逐颜开。等到打好烟泡，装上烟斗，总是睁圆两眼，张大嘴巴，提起精神，一口气接连嗤嗤地吮吸，好像千钧一发，胜负在此一举，经过这番努力以后将永远安乐了。迫切的神情，恐怕只有婴孩向母亲求乳时所表现的可以比拟。

　　在闽南的一般劳动者，大概随身备带一本烟纸、一盒火柴和一包烟丝。一有休息的机会，就由怀中拿出这些来，先从火柴盒子一般大的本子上撕下两张薄薄的白纸，歪斜地叠在一起，放上一撮烟丝，卷拢以后，就成了连带咬嘴的纸烟，随手放到嘴上衔着擦火柴，于是一口口地吮吸。价钱固然比现成烟卷便宜，自做自吃也更富于意义，而且烟丝多放少放，随意所欲。举动顺熟，卷得很整齐，于朴素之中颇饶艺术趣味。无怪他们呼呼吸着的时候，总是傲然自得的。

　　可是四川劳苦人的吸烟更来得朴素，只随带烟叶一包，——火柴在山乡僻县是贵而难得的，只好临时"讨个火"！烟瘾发作时取出一片叶子来紧紧地卷拢，就成了土制的"雪茄"。烟叶撕下半片也卷得，两三片叠拢，同样可以卷，大小粗细悉听己便。长长的烟叶，一束一束地悬挂在出卖的店堂里，也比一封一封的烟卷、烟丝多变化而有趣。装成盒子出卖的叶子烟，也是单由烟叶卷成的，是卷烟中最凶的一种，大瘾客才能够接连地吸，也是大瘾客在途中时所不可少的。在成都少城的街上，时常可以听到跌跌拍拍乱响的脚步声，是由跟在包车后面的勤务兵所发出来。勤务兵跟得愈多，算是愈阔气，往往一辆包车后面，一道跑着七八个。坐在这种包车上面的，总是高高地交叉着腿，伸着脚，捏着细长的旱烟管，缓缓地吸他的叶子烟，得意洋洋，"唯我独尊"。

　　川南曾经做过二刘战争中心的荣威一带，有着一种专卖水烟的人，提着旧式的水烟管，铜质、圆底，有点像鸭的形态，嘴巴的部分特别长，另外又套上几个细长的铜管子，以便买主的吮吸。他们的衣襟上面缀着两只大袋子，一只放烟，一只放煤头，往来于茶摊街坊之间，不大作声，只是把烟管口子向人送来送去，往往去触动嘴巴，要吸的人衔住就是。——一钟水烟烧了以后，会得接连装上去，煤头由卖的人使用，烟灰也由他吹去。吸的人，嘴巴以外，一点力也不用费。拉长途的四川人力车夫，会得接连每天跑到一百八十里的山路，抬轿子、抬滑竿的也能走上一百里。他们见着了这种卖小烟的人，往往停止跨步，仍然捏着车柄或者肩着轿杠，静静地站着，吸饱开步走，好像是火车龙头到了站里的上煤加水，也像是汽车的灌干士林。

　　纸烟的蒂头，平常当作废物，在牢监里却是无上之宝。"香烟屁股"几乎同"大赦"一样动听，只有打扫职员厕所和挑水的工犯才容易拾得，裁缝工犯或者可以向去做衣服的人讨一点。两三分长的一段，总要四五个人一道开——开火车，就是轮流吸。开的时候，要先远远地放好步哨，以防看守的责罚。短小的蒂头不便直接衔着吸，总是找点什么权当咬嘴的。最后轮着的一个，已经剩得不多，往往连灰一起吸到口腔里，弄得热辣辣地皱起眉头张开嘴巴，真是哑子吃黄连说不出苦的样子。

# 打火机

叶延滨

> 对一般老百姓而言，希望最容易点燃，也最容易破灭，就像一支火柴。

打火机曾是男人的饰物，那是一个时代的象征，就如同现在的男人都要有只手机别在腰上。过去时代的男人是把打火机当作成人玩具玩的。打火机时代，就是工业时代，这个小巧的东西，体现了工业时代的特征。打火机以汽油为原料，后来改作液化气，和所有的工业文明一样，能源第一，而且以石油产品为主。打火机又是小型的机械制成品，先是手动，后是电子点火，基本上是"动力机器"。需要消耗一定的能源，而且是通过机器的机械运动完成工作，这大概就是工业文明的特点——男人身上揣上一只打火机，在那个年代自然是非常时尚的事情。

打火机有各式各样的，高档的镶金镀银，便宜的就用手指头去扳动齿轮，齿轮与火石摩擦，生出火花，点燃注进汽油的棉芯。在二十多年前，我还没有戒烟时，就喜欢摆弄打火机，啪！一声响，一根火苗立在眼前，世界变得诱人了。关于打火机，我已记不得那些样式和用它们点燃了多少根香烟。我记忆最深的有一件事："文化大革命"中，当时我在大凉山首府西昌读高中，西昌的武斗闹得很厉害，老百姓之间动枪动炮，两派群众组织各自将一部分城区占为据点，并分别洗劫了粮库、病院、车站、百货仓库……百货仓库与我的学校一墙之隔，我记得百货仓库被洗劫后，我们不能从大街上回学校，便穿过大门洞开无人看守的仓库回学校。仓库里一片狼藉，在物资匮乏的年头，被群众混乱抢劫后的百货站，什么都没有留下，而在过道上满地都是散落的打火机，都是街面上两三块钱的那种。我十分奇怪，在那个"不许州官点灯，只准群众放火"的大革命年代，为什么偏偏打火机没有人要呢？在那个年头打火机要算奢侈品，好一点的打火机要几块钱，老百姓半个月的饭费，汽油配给，没有关系难找，打火石也紧缺，说是两分钱一粒，商店里就是见不着。所以，抽烟的人有一只打火机，牛气得整天握在手上，跟现在握着手机玩的人一样。给人一支烟，"啪"的一声递上火，那办起事来，就顺多了。

打火机时代以前的男人玩什么呢？

玩火镰。我早年在山区马帮赶马人身上见过这种火镰。剽悍的赶马人的腰上挂一个牛皮小包，包里有两块厚铁片和一些干草绒。走山路走累了，坐下来，掏出火镰，两手击打，让火绒冒出青烟，然后塞进烟袋锅里，吧吧猛吸几口，脸上便露出英雄气韵来。其实，火机比火镰方便实用，但赶马人偏爱火镰，我以为，是火镰与马帮同属一种生产方式，而打火机里的汽油味，会勾得赶马人产生联想，这种联想并不让赶马人自豪。

玩火捻。用草纸卷成筷子粗细的纸捻，点燃了，不冒明火，一手掂着水烟袋，一手拈着火捻，将那纸捻对着嘴，嗯地吹口气，吹出明火，对着水烟嘴点着烟，手一晃，明火灭了，纸捻依旧拈在手上，于是呼噜噜地美美吸上一锅子烟。这是遗老做派，不怕费事，就见不得那打火机的味儿。

玩火柴。当然火柴不是玩的，也就是老百姓用着方便，真要玩，就成了安徒生笔下的小女孩。安徒生不光是讲一个穷姑娘的悲惨故事，还展现一个象征：对一般老百姓而言，希望最容易点燃，也最容易破灭，就像一支火柴。当然，正有了老百姓的容易点燃的希望，才有一代又一代老百姓星星之火成燎原之势；不过这希望也是总被吹熄，坐了天下的，又有几个真做到给百姓许诺的一切？火柴是厉害而又弱小的东西，不能玩！

打火机曾是男人喜爱的玩具,也是人类取用火种的诸种具中最好的一种,只是工业时代的辉煌已成晚霞,信息时代男人早已找到自己的新宠,不玩它了。打火机还在用,便宜方便的塑料壳火机,用起来方便而卑贱,早褪了神光,难怪,今天的男人也没有火气了。

# 烟 斗

杜 宣

> 烟斗种类的确很多，考究起来，也是一门无穷尽的学问。

不少报刊登载了我和烟斗的文字，有的我看过，更多的我没看过。过去也有不少报刊约我写点关于烟斗的文字，我都谢绝了。原因是目前全世界都在宣传吸烟有害，而我却大谈烟斗，似乎不合时宜。现在有人居然说我是烟斗收藏家，因此不得不来说明几句。

一九三七年七月七日，盼望了多年的抵抗日本侵略的枪声，终于打响了。当时的兴奋之情，无以言宣。立即，我去买了一包香烟吸了起来，并写了"从此吸烟"四个大字，贴在墙头上。但吸了一两支，感到不舒服，就中止了。几年以后，由于熬夜和开会的关系，起先别人给我烟，我就吸；后来，别人不给烟时，我却向人讨；以后我就自己买烟吸了。

抗日战争时期，天津、上海这些大的工业城市沦陷后，后方纸烟来源就很困难了。我们只能吸"难民烟"。这是战时后方一些难民用手卷的纸烟。烟纸、烟草均十分低劣。点烟时常常会燃出活火；一包烟放在口袋中，在外面兜个圈子回来，就会发现烟卷中的烟末，全跑到口袋里来了。吸烟的人，甚以为苦。

一九四一年，我们在桂林创立新中国剧社。剧社第二次在桂林剧院演出时，巴鸿同志在剧场拾到一只烟斗，因没有人来取，他就交给了我。这是一只又重又难看的烟斗，我从地摊上买了广东曲江制造的玫瑰烟丝，开始吸起来。当时只是感到吸烟斗比吸纸烟便宜，可在艰难的时日中，减轻点经济负担。有次不小心，烟斗掉在石头上砸碎了，一看原来是水泥做的（这以后，几十年来，我还没见过第二个水泥烟斗）。我还在惋惜的时候，巴鸿将烟斗拿去在石头上，把摔碎的部分磨平，这样一来，虽然短了一点，但还能继续用。

不久，日本帝国主义攻占香港后，很多不愿做亡国奴的中国人，纷纷逃到桂林，靠摆摊卖衣物为生。有次我偶然从地摊上看到一只烟斗，是英国制造的，就买了回来，试吸之后，感到是那个水泥烟斗无法比拟的。这样才算是有一只正式烟斗了。

这以后，常常遇见一些自认为是内行的人说，好的烟斗，拿到手里不烫，但我买的这个英国烟斗，吸起来的确有些烫手，所以我就想当然地认为这是一只不好的烟斗。一九四三年，我到昆明后与李公朴同志相识，他也吸烟斗。我们常在北门书屋楼上谈天，从他那里，我才知道世界上并没有不烫手的烟斗。老资格吸者，都会在烟斗中用烟膏做一个碗，这个碗很重要，一来可以保护烟斗不会烧坏，二来可以不烫手。

一九四五年八月十五日，日本宣布无条件投降。我于八月三十一日，作为盟军中、印、缅战区代表团成员飞赴香港谈判战俘问题。在代表团中，有位汤姆上校，他是位英国贵族。其祖父、父亲均吸烟斗，家藏烟斗极多，可以说是吸烟世家，他是个吸烟行家。当时我吸烟斗，有两大困难：一是老是熄火，要不断地点火；二是每斗烟吸到半斗的样子，底下都是湿的，再也吸不着了，结果只有倒掉。但我看汤姆吸烟，一般只用两三根火柴。他每装上一斗烟，先用火柴全面点燃，然后将烟压压紧，再点火。吸完后，倒出来尽是白灰，没有一点黑点。可以称之为吸烟斗的高手了。当我向他请教这套技术时，他说："这也不难，首先是装烟时要一次装好，不使它有松有紧。火点燃后，不要只是吸，开头要一呼一吸，使烟丝完全点燃了，不要再呼，就可慢慢地吸了。"这以后，我也逐渐成为内行了。

烟斗种类的确很多，考究起来，也是一门无穷尽的学问。过去欧洲皇室和贵族用的镶金镶宝石的烟斗不计外，世界市场上流行的烟斗，木质的，水母的，瓷的，镍的，玉蜀黍的，玻璃的，景泰蓝的，木头包皮的等等，但木质的为多，也是木质的最好，又以非洲产的野蔷薇根为上品。经过几百年的挖掘，现在这种野蔷薇的根，已经十分稀少，所以价格甚贵，动辄数十美元甚至数百美元。在国内，常常有人问我：是不是"三B"牌烟斗是最好的？英国的Adolphfrankau公司，是建立了一百多年经营烟斗的老公司。"三B"就是它的出品。

我想，可能过去"三B"在国内广告做得大，在国人中造成了影响。为什么叫"三B"？一、Brier（野蔷薇根），二、Bestcut（最好的刻工），三、Britishmade（英国制造），这三个字的第一个英文字母，都是B字，所以叫"三B"。在英国，这一类的老牌烟斗工厂很多，就像它的威士忌酒厂一样，都是建立一两百年的。一般来说，一向以卖名贵烟具闻名全球的登喜路（Alfreddunhill）公司出产的烟斗，选材比较认真，价格也相应的贵些。但是任何一家名厂，都有精品，只要看烟斗本身的质量，不必拘泥于哪一厂家，近年来，丹麦和联邦德国的烟斗也在国际市场上占有重要位置。

烟斗制造厂，都有惊人绝技的巧匠，所以烟斗的造型是层出不穷的，如何选择当以各人艺术兴趣而定，一般说，弯的烟斗是看书时用的，直的是外出时用的。

由于我吸烟斗的历史比较久，所以我的烟斗也比较多，现有的大概有五十多只。英国、法国、丹麦、联邦德国、美国、日本，包括我国自己制造的，各种形状和各种质地的都有。没有最贵的和最贱的，一般说是属于中上水平。但其中有几只烟斗，对我来说，却是无价之宝。有一只烟斗是二十多年前费彝民同志送给我的，那是法国制造的水母烟斗。十年浩劫时，我是被上海作协的造反派扫地出门的，不仅我的东西全部抄光，就连孩子们的衣服也被一搬而空。但这只烟斗却是漏网之鱼，我带着它在监狱中度过一段极其艰苦的日子。去年费彝民不幸逝世，见物思人，它就更值得纪念了。

十年浩劫时，北京有些知识界人士，被送到燕山山脉的农村中劳动改造。老友黎先耀得到了这种"殊荣"。他住在老乡家里，看到有些老乡一到冬天就上燕山去刨疙瘩。原来燕山上有一种灌木，当地老乡称之为疙瘩，木质十分坚硬，放在水上，立即会沉到水底的，老乡们都用它来制作旱烟管。冬天农闲时，就上山去寻找这种灌木，叫做刨疙瘩，外贸公司经常派人来收购疙瘩，制成烟斗出口。这种烟斗木质极好，缺点是太重。黎先耀本人从不吸烟，他想到我酷爱烟斗，就跟着老乡上山，刨了一些疙瘩，在外贸公司人的指点下，学刻烟斗。在漫长寒冷的冬夜，在昏暗的灯光下，黎先耀刻了三只式样不同的烟斗。"四人帮"被粉碎后，他将烟斗带来上海给我。我选择了其中一只，请来了工艺美术社的青年雕刻家，本想刻莎士比亚的头像，但他根据木头的造型，却刻了一个米开朗基罗的头像，刻得十分生动。

世界上巧事真是多。也几乎是在这同时，我收到欧阳山尊寄来的信和包裹。打开包裹一看，里面是一只烟斗。他在信中说，这只烟斗是在燕山下放时亲手刻成的，现在他不吸烟，送给我作为纪念。而欧阳山尊和黎光耀两人却不认识。

此外我还有些烟斗是朋友和亲戚从国外带来送我的。我曾经在国外度过两次生日，一位朋友，还有我的儿子，都分别送我一只烟斗。这些对于我个人，均有纪念意义。

一九八九年一月二十二日冻雨敲窗之际

# 抽烟斗的人

钱歌川

> 要参透人生的真谛,要了解世界的浮华,似乎非通过这一支烟斗不可。我回到伦敦以后,便要开始抽起烟斗来。

我开始抽烟斗,是在"七·七"卢沟桥烽火爆发前一两年的事。那时每天见面的几个好朋友中,抽烟斗的似乎只有潘介泉一人。记得有一次,我们去逛巴黎,大家都像乡下佬进城,只管在街上东张西望,一个不当心,就被巴黎闹市中的人流,把我们几个伙伴冲散了。后来好容易才得再集中起来,一点人数,仍然缺少一位,再也找不到他。我们知道介泉懂得几句法国话,他总有办法问路回去的。果然第二天大家见面,和他住在同一旅馆的吕叔湘便报告说,当下他回去一看,原来潘介泉早已口里叼着一个烟斗,坐在他房间里了。我听了这简单的描写,便远远地看到了两种不同的情景,构成一个尖锐的对照。一面是市声嘈杂,熙熙攘攘的繁华世界,一面是悠闲自得,独坐抽烟的幽静生活。这是一个如丁尼孙所描写的"食莲者"一诗中展开的境界,一个长期的下午,虽如人境,而无车马之喧,窗口开向一个小园,嵌入一些鲜艳的花木,室中坐着一位闲情逸致的人,衔着烟斗如望着窗外的世界,时而吐出一两口青烟,听其自然地如空中飞舞一阵,便消失得不知到什么地方去了。这一支烟斗实在含有极大的神秘性,而象征着天地之悠悠,人生的飘忽。

从这以后,我便对烟斗,怀抱着一个美丽的憧憬,认为其中有一种特殊而不足为人道的境界。要参透人生的真谛,要了解世界的浮华，似乎非通过这一支烟斗不可。我回到伦敦以后，便要开始抽起烟斗来。而对于以前抽香烟，和搜集香烟画片的兴趣，也无形中减低而降到零度了。

变成了一个抽烟斗的人以后，自然对于烟具及烟丝都要考究起来。那种老酒店（Old Tavern）的烟丝，一直能保持它的信誉，不使人失望，惟有初期买来的六个便士的起码烟斗，就令人有点不能满意了。有时出了重价买来一个品质优良的烟斗，便要把玩不忍释手，那时的心境，无异于购到一本稀书，认为足以夸耀于人。如能得到抽烟斗的同志赞美一两句，那更要为之欢喜欲狂。烟丝买回来，一定要放在另外自备的烟荷包里。同时一套收拾烟斗的工具，即所谓抽烟者的伴侣（Smokers Companion）也自然是不能少的。烟斗也和古玩一样，单只一个是决不够的，少则四、五个，多则九、十个，轮流取用，不用时就倒竖在一个特制的烟斗架上。以烟斗的形式而论，有直管的，有弯管的，斗形也有各色各样，有圆的，有扁的，有椭圆的，有光的，有麻的，有雕花的，有木根剜的，有竹节制的。现在美国那种金属制品，虽然容易去掉水分，但总觉有点俗气，不大雅观。

对啦，抽烟斗是有风趣的。这风趣不是对别人，而是对自己说的，所以无论是绅士学者，或贩夫走卒，他如学会了抽烟斗，都能自得其乐，别人只能从旁闻到一点香味，至于个中情趣，是无法揣想的。抽烟斗决不能提高人的身份，因为这并不是绅士们的专利品。一个绅士什么都可以拿来作装饰品，他可以不读书，而布置一个书斋，他可以不懂字画，而悬挂许多名作，但他如果不能抽强烈的烟时，即无法使用烟斗。与其说烟斗是绅士们的装饰，可以增加他们的绅士风度，不如说是文士们的伴侣，可以助长他们的文思灵感。英国的教授们就是老用烟斗的烟气，来熏陶他们的学生的。大家坐在客厅或书斋的沙发椅子上，老教授一面对学生喷出浓烟，一面和他们研讨学问。配合在那种环境中，烟斗的身价，就自然高了。

不过烟斗的价值，并不是经文人学士们采用之后才发生的。它本身实有其不可磨灭的优点。你握着它吸用的时候，它便能给你一种温暖，这是任何抽烟斗的人，都能体会的。我常见外国人在华贵的客厅里抽香烟的窘态，当他吸燃了一支香烟以后，就担起了一件心事，望着那烟灰一分一分地增长，而他的焦虑也跟着增长了，因为地下铺的是贵重的地毯，自然不便把烟灰随便乱弹，而身边又找不到一个烟灰盘，你知道外国的客厅里，是照例没有痰盂一类的设备的。他没有办法，只好把烟灰弹在他上衣胸前放绢头的口袋里去。可是这还是不能把问题完全解决，烟灰虽找到了出路，但等到快吸完一支烟的时候，问题就严重起来了。那"烟屁股"是不好放到口袋里去的。要用手把它捏熄，一定要烫伤手的，最后恐非牺牲一条手绢不可。

如果他是一个抽烟斗的人，便不至受到这种穷迫。因为烟斗本身就是一个烟灰盘，一直吸到最后，它都能容纳一切废物，不会使吸用的人遭遇任何困难的。

坐着抽烟斗，固然是最舒服，就是立着或走路的时候来抽，也毫无不便的地方。你躺在床上，想到抽烟，也只限于烟斗才可以达到目的。如果是香烟的话，就有被烟灰烫伤面孔，或落到你眼睛中去的危险。最后，你还得起来处置那个"烟屁股"。

走路时抽烟斗，也和你坐在家里一样的方便。雨是不会打湿你的烟的，风也不能扬起烟灰，震动更不妨事。在容易引起火警的场所，不许抽烟，惟有用烟斗才可以保险安全。所以我认为烟斗是有百利而无一弊的。不抽烟则已，要抽烟似乎只有烟斗才合我们的理想。

在现今物价暴涨的时候，比较上还是抽烟斗来得合算。一盒烟丝通常可抽一个星期，而且一斗烟也比一支烟要经久得多。抽香烟的人，至少一天要抽一包，如果不够，就是给别人抽掉了。因为坐在朋友中间，你自己拿出香烟来抽，而不敬人，似乎过不去，要省节除非自己忍着不抽。惟有抽烟斗的，就可以不管别人，独自一人享受，谁也不会怪你失礼。这是抽烟斗的最后得的利益。

# 教授与烟斗

吴小如

> 王瑶老师在擦左边面颊时，把烟斗歪向右唇角叼着；等到擦右边时，再把烟斗推到左唇角。宁可有的地方毛巾揩不到，也不肯拿开烟斗。

教授叼着烟斗，给我印象最深的是闻一多先生的遗照。抗战期间我生活在沦陷区，没有到过昆明，因此无缘与闻先生接触。在我的师辈中，如朱自清、俞平伯、游国恩、沈从文诸先生，有的只吸纸烟，有的根本不吸烟，像废名先生更是反对吸烟，连学生吸烟都不敢当着他的面。只有朱光潜先生是吸烟叶、叼烟斗的，但我不是学外文和美学的，同朱先生接触不多，不敢妄自攀附，也不了解朱先生平时吸烟的习惯，这里就不谈了。

一九五二年全国各大学进行院系调整，清华大学中文系的师生合并到北大来，教师队伍中有三位先生是经常叼烟斗的，按年龄排列，则是吴组缃先生、王瑶先生和朱德熙先生。这三位先生同我共事都在四十年以上，今天他们都已成了古人，回忆一下他们吸烟叶叼烟斗的神情形态，也算是对他们的悼念吧。

组缃先生长我十四岁，是我出了五服的同宗，但辈分比我大得多。院系调整之初，包括课堂上听课的学生，望见组缃先生威仪棣棣的庄严神态，都存有敬畏之心，连我这年轻教师也不例外。久而久之，才发现他是一位貌似严肃心实慈祥的长者，只是嫉恶如仇，不说假话，待人不虚与委蛇，才使人由敬生畏。组缃先生从不轻易赞许别人，直到晚年，有的学生写了书请他作序或题辞他仍不随便动笔。而对于我这同族晚辈,感情却日益深厚。每逢家乡托人带来茶叶,他知我也是嗜茶者,总让学生顺路送一部分给我。我有时买一点小礼物或补品去看他,他并不推辞,却总说所买的东西太昂贵了,破费太多。我写了书送他,求他指教,他总是认真阅览,然后指出优缺点,不过往往有溢美之辞。在学生面前,他总是为比他年轻的同行代树威信,为他们说恰如其分的好话,对我更不例外。别人我不清楚,只就对我的揄扬或批评,褒或贬而论,有学生把话传到我耳中,我感到句句是由衷之言,不虚夸,不苛责。几十年来,敬他的心与日俱增,畏惧心理却早为亲切交谈和推心置腹取代了。

组缃先生晚年已不吸烟,但在十年浩劫以前,烟斗是不离"手"的。每次在同他一起开会或谈话时,尤其是在他书房里做客,总看到他手上拿着烟斗,不停地在做吸烟前的准备工作。那就是,用细细的纸捻儿慢条斯理地向烟斗的小孔中缓缓插入,经过转动,再一点点拉了出来,为的是把里面烟油擦净。事实上,抽一次烟叶不过几分钟的事,而擦烟油的工作几乎要用一整天。组缃先生的烟斗花样繁多,都在书桌上陈列着,吸烟时轮番取用。因此搓纸擦烟油的工作仿佛永远做不完。他吸用的烟叶皆属上品,味道芳香,在座的人遇到组缃先生吸烟,总会嗅到各种各样的烟叶香味,而不觉得烟雾呛人。所以王瑶先生常说:"我吸烟是自己过瘾,而吴组缃吸烟是供别人品尝的。"

如果组缃先生的烟斗是常不离"手",则王昭琛先生(王瑶,字昭琛)的烟斗则是永不离口的。一九七一年北大中文系不少师生住到密云县郊农村"开门办学",老教授们均与学生"三同"。跟昭琛住在一室的学生们是这样形容他的:"王瑶老师除睡觉外,一天到晚总叼着烟斗,连洗脸时也不把烟斗拿开。"我听了感到奇怪,便问学生:"那他怎么用毛巾擦脸呢?"学生答(当然是夸张的说法):"王瑶老师在擦左边面颊时,把烟斗歪向右唇角叼着;等到擦右边时,再把烟斗推到左唇角。宁可有的地方毛巾揩不到,也不肯拿开烟斗。"在我同昭琛先生几十年的交往中(住"牛棚"期间除外),

确是每时每刻都会见到他叼着烟斗在吞云吐雾。

　　组缃先生和昭琛先生还有一个共同之处，即除吸烟叶外都嗜饮茶。不过组缃先生总是饮他从家乡皖南寄来的绿茶（我亦如此），而且都属佳品名茶（他往往把几种茶叶混合在一起沏了品尝，我戏呼之为"鸡尾茶"）；昭琛则只喝茉莉花茶。昭琛有糖尿病，一天要饮十几磅茶水。每天从下午到午夜，不论有客与否，他总在沙发前的长条案上陈列着若干碗茶水，一碗一碗不停地灌下去。总之，他一面用力吸着烟斗，一面不停举杯饮茶，已成为他几十年来的惯例。所以很多熟人都听过他常说的一句笑话："我一年到头都在水深火热之中。"

　　朱德熙先生也是一直用烟斗吸烟叶的。他吸烟时比较注意风度和姿态，很带洋绅士气派。如果说，组缃先生是以纸捻通烟斗为习惯动作，昭琛是以烟斗不离口为特殊风貌，那么，德熙最习惯的动作则是不停地划火柴，不停地点烟斗，一口口不停地吸烟。不过他爱一面聊天一面吸烟，不等谈话划句号时烟叶就熄灭了，于是便继续划火柴，继续点燃烟叶，继续一口口地吸。如此周而复始，直到客去为止。

　　如今，这三位名教授都已做古，他们的先后逝世，不仅是北大的损失，不仅是学术界的损失，不仅是青年学子的损失，主要的更是我们国家民族的损失。至于我本人失去了良师益友，反倒是区区小焉者也。值得警惕的是，昭琛和组缃先生都是从患肺炎开始，而以肺心病夺去了他们的生命。德熙则病于肺癌。如果他们大半生不以烟斗烟叶为伴，或者会延长他们的年寿，至少在病危时不致受那么多的痛苦。这样看来，教授还是不与烟斗相伴的为好。

# 烟的梦

赵亦吾

        童年的，少年的，青壮年时期的，一个片断又一个片断在脑海中闪过，一支烟又一支烟把我带进了梦般的境界。

  烟，原产于热带美洲，译音叫"淡巴菰"。"洋为中用"。它在"中用"上算是最普遍的了。"淡巴菰"这译音的原意究竟是什么？"中用"后成为：烟。烟本虚无缥缈，落实到"淡巴菰"上，真贴切极了，既是物又是物的飘然，由物质反映到精神。这是中国人的创造。日本人把烟称为"他巴苟"（タハコ）。完全原音翻版，可见其创造性不足。

  在我国嗜烟的人占三亿以上，烟草的年产量和销售量在全世界也居首位。尽管报刊广播中不断宣传吸烟有害，人们也越来越多的认识到吸烟的严重危害，想从中解脱出来。但却又有更多的新人加入到这喷云吐雾的行列中来，烟民的队伍还在继续扩大。

  我是一个老烟民。我常常在烟雾缭绕中沉思，追寻那逝去了的岁月……

  再过两年我的烟龄就到五十年了，正好与我参加革命工作的时间相等。家人劝我少抽烟，医生嘱我不抽烟。而我对烟依然爱之难舍。

  怎么抽上的烟呢？

  那时我刚刚参加革命工作，跟随着一位部队首长，干一些杂务，类似秘书又兼勤务。首长的武器行李由他的警卫员管理，文件、香烟等则归我保存。所属部队中一些师长、团长们发现首长香烟掌握在我的背包中，得机会便向我索要，我也常常大方地拿出一包烟拆开，向那些师团长散去。有时我也偶尔抽上一支尝尝味道。尝来尝去觉得味道好极了，也就经常持久地尝了下去。后来离开了首长，下放到基层，香烟再抽不到了，只能抽每月发给的半斤烟叶，用纸卷起抽。料不到，这嗜好竟追随我近五十年之久。

从此，战争期间的行军空隙时卷上一支"大炮"猛抽不止；开生活检讨会时，无论是批评别人或被人批评时，不点燃起一根烟就难耐难熬；解放后运动多，参加运动怎么能没有烟相伴？惟有我写字和"文革"中被批判时，自觉和被动的一根烟也不抽。

我也曾经戒过两次烟，结果上了两次当，这也都是四十年前的事儿了。一次是在一九四七年春天，团部召开青年大会，号召全体年轻人戒烟。很多人响应号召纷纷上台表达决心：坚决戒烟。我那时年未满二十，正当血气方刚，岂肯落后，便也凭一时之勇，闯到台上，坚决表示我如戒烟失败，就给炊事班挑三百担水，给女同志挖一个厕所。登时场下掌声雷动，我便也意气风发地跳下台来。我当时是真心实意的，毫无做作之情。在三五天内我对烟没有动情，虽然闻到人抽烟时冒出的那股烟香味，心里也有些痒痒。可能人们从我的表情发现了我内心的"痒痒"；也可能某些人别有用心；更可能两者兼而有之，反正那些天炊事班的人对我特别亲切，每当我走过他们驻地门前，都有人强拉硬扯地把我让到屋内坐下闲扯，嗅闻他们口中喷出的烟香味。也就是我宣布戒烟后的第五天吧，炊事班的同志又把我让到他们屋内，为我卷好了一根又粗又长的烟说："天黑了，谁也看不见，抽两口，一定给你保密。"你三言他两语，都是甜言蜜语，我无力抵御这种诱惑，便也心甘情愿抽了两口，狠狠地两口，抽得我晕头转向，转身离去。如此一来，每日傍晚一次，后来又增加中午一次，一次又一次。有一次我正在炊事班里偷尝禁果时，"叭"的一声门打开了，门外有班长、队长，还围了一些女同志。他们又喊又叫，弄得我面红耳赤。为此，我写了一份检查贴在墙报上，为炊事班挑了将近二百担水，为女同志挖了厕所。但在这一切尚未完成时，部队开拔上了前方。这次戒烟，留下了笑柄，被人不时提及，让人耍弄，使我很长一个时期颇为不快。

　　一九五五年秋后，我当时还在部队工作。我爱买书，其中有一些是胡风、亦门、贾植芳、鲁黎的著作。我记日记是从战争年代就开始了的，在新的一本日记的扉页上我抄录了鲁黎的一首诗："老是把自己当做珍珠，就有怕被埋没的痛苦，把自己当做泥土吧，让众人把你踏成一条道路。"这首诗题为《泥土》。"肃反"开始，在查阅我的图书日记时，发现我饱读胡风及其分子的著作，把胡风分子的诗写在日记扉页，当做座右铭。于是我被列为重点怀疑对象，并被集中京郊万寿山后一个大院内接受审查，时间达半年。被集中、被审查，自然难有外出机会，更难有购物、购烟的自由。于是一赌气，把刚刚施行薪金制后购制的镀金烟盒，象牙烟嘴，进口打火机，一一都送了人，我又一次自觉地戒了烟。没有抽烟的心气儿了，第一次参加这样的运动，谁知道以后会怎么样呢?

　　半年后，审查结束，重新吸到了新鲜空气，当和一些朋友见面时，聊起各自的近期遭遇，没有烟来助兴怎么会聊得起兴致，于是点燃起香烟，边抽边聊。此后一发不可抑止，三十多年间再没有戒过烟。但我对自己有一条规定：要抽好烟。买不到好烟时，我曾经十天只抽一包烟，平均一天不足两支。烟是再不戒了，不过也再不购置烟盒、烟嘴了。打火机还不时地买，也不时地遗失，经常换。

　　我曾在一篇文章中这样谈到酒："嗜杯中物的人，他们的习惯的养成，在开始一定与那时的遭遇与心境有关。但当习惯养成，虽然处境与心境已变，而习惯却已难改了。"我长期抽烟却并非只是习惯，我对烟还有一种恋，一种情。每逢燃起一支烟，都会给我带来无尽的思绪，尤其在离休后这五年时间里。当清晨家人都已离去后，家中只有我一个人，很自然地要燃起香烟，静坐沉思。想起了过去六十多年曾经度过的支离破碎的岁月；童年的，少年的，青壮年时期的，一个片断又一个片断在脑海中闪过，一支烟又一支烟把我带进了梦般的境界。近年来发表过的一些小文章，正是在这种状态中完成的。很难想象，没有烟，没有这陪伴了我近五十年的香烟在手，我还能想些什么，干些什么。

难以忘怀呀，当三十多年前，我失去了能够失去的一切，孤身一人到了那遥远的地方——青海高原时，能够随我同行的是一件行李，一挂书箱，还有就是变卖全部家当后所购置的香烟。多亏带了那么多的烟，在三年生活困难时期，尽管我也像别人一样忍着饥饿之苦，可是我有烟相伴。在那些年月，像我这种身份的人，处处都要小心，想躲开各种斗争，却也难免又被陷入。相亲者惟有烟，捧着一本爱读的书，悄悄地抽上一支香烟，真是别有一番乐趣，尚能聊以自慰。这便使我对香烟产生了难以割舍的恋情，这恋情延伸着，发展着，直到我步入了老年的今天，也更执着了。

当我草就这篇小文章后，我终于轻松地又点燃起一支与我相伴终生的"淡巴菰"——烟……

# 往事如"烟"

冯骥才

> 烟瘾就是不断燃起的"抽上一口"——也就是第一口烟的欲求。这第一口之后再吸下去,就成了一种毫无意义的习惯性的行为。

从家族史的意义上说,抽烟没有遗传。虽然我父亲抽烟,我也抽过烟。但在烟上我们没有基因关系。我曾经大抽其烟,我儿子却绝不沾烟,儿子坚定地认为不抽烟是一种文明。看来个人的烟史是一段绝对属于自己的人生故事。而且在开始成为烟民时,就像好小说那样,各自还都有一个"非凡"的开头。

记得上小学时,我做肺部的 X 光透视检查。医生一看我肺部的影像,竟然朝我瞪大双眼,那神气好像发现了奇迹。他对我说:"你的肺简直跟玻璃的一样,太干净太透亮了。记住,孩子,长大可绝对不要吸烟!"

可是,后来步入艰难的社会。我从事仿制古画的单位被"文革"的大锤击碎。我必须为一家塑料印刷的小作坊跑业务,天天像沿街乞讨一样,钻进一家家工厂去寻找活计。而接洽业务,打开局面,与对方沟通,先要敬上一支烟。烟是市井中一把打开对方大门的钥匙。可最初我敬上烟时,却只是看着对方抽,自己不抽。这样反倒有些尴尬。敬烟成了生硬的"送礼"。于是,我便硬着头皮开始了抽烟的生涯。为了敬烟而吸烟。应该说,我抽烟完全是被迫的。

儿时,那位医生叮嘱我的话,那句金玉良言,我至今未忘。但生活的警句常常被生活本身击碎。因为现实总是至高无上的。甚至还会叫真理甘拜下风。当然,如果说起我对生活严酷性的体验,这还只是九牛一毛呢!

古人以为诗人离不开酒,酒后的放纵会给诗人招来意外的灵感;今人以为作家的写作离不开烟,看看他们写作时脑袋顶上那纷纭缭绕的烟缕,多么像他们头脑中翻滚的思绪呵。但这全是误解!好的诗句都是在清明的头脑中跳跃出来的;而"无烟作家"也一样写出大作品。

他们并不是为了写作才抽烟。他们只是写作时也要抽烟而已。

真正的烟民全都是无时不抽的。

他们闲时抽,忙时抽;舒服时抽,疲乏时抽;苦闷时抽,兴奋时抽;一个人时抽,一群人时更抽;喝茶时抽,喝酒时抽;饭前抽几口,饭后抽一支;睡前抽几口,醒来抽一支。右手空着时用右手抽,右手忙着时用左手抽。如果坐着抽,走着抽,躺着也抽,那一准是头一流的烟民。记得我在自己烟史的高峰期,半夜起来还要点上烟,抽半支,再睡。我们误以为烟有消闲、解闷、镇定、提神和助兴的功能,其实不然。对于烟民来说,不过是这无时不伴随着他们的小小的烟卷,参与了他们大大小小一切的人生苦乐罢了。

我至今记得父亲挨整时,总躲在屋角不停地抽烟。那个浓烟包裹着的一动不动的蜷曲的身影,是我见到过的世间最愁苦的形象。烟,到底是消解了还是加重了他的忧愁和抑郁?

那么,人们的烟瘾又是从何而来?

烟瘾来自烟的魅力。我看烟的魅力,就是在你把一支雪白和崭新的烟卷从烟盒抽出来,性感地夹在唇间,点上,然后深深地将雾化了的带着刺激性香味的烟丝吸入身体而略感精神一爽的那一刻。即抽第一口烟的那一刻。随后,便是这吸烟动作的不断重复。而烟的魅力在这不断重复的吸烟中消失。

其实,世界上大部分事物的魅力,都在这最初接触的那一刻。

我们总想去再感受一下那一刻,于是就有了瘾。所以说,烟瘾就是不断燃起的"抽上一口"——也就是第一口烟的欲求。这第一口之后再吸下去，就成了一种毫无意义的习惯性的行为。我的一位好友张贤亮深谙此理，所以他每次点上烟，抽上两三口，就把烟按死在烟缸里。有人说，他才是最懂得抽烟的。他抽烟一如赏烟，并说他是"最高品位的烟民"。但也有人说，这第一口所受尼古丁的伤害最大，最具冲击性，所以笑称他是"自残意识最清醒的烟鬼"。但是，不管怎么样，烟最终留给我们的是发黄的牙和夹烟卷的手指，熏黑的肺，咳嗽和痰喘，还有难以谢绝的烟瘾本身。

父亲抽了一辈子烟。抽得够凶。他年轻时最爱抽英国老牌的"红光"，后来专抽"恒大"。"文革"时发给他的生活费只够吃饭，但他还是要挤出钱来，抽一种军绿色封皮的最廉价的"战斗"牌纸烟。如果偶尔得到一支"墨菊"、"牡丹"，便像今天中了彩那样，立刻眉开眼笑。这烟一直抽得他晚年患"肺气肿"，肺叶成了筒形，呼吸很费力，才把烟扔掉。

十多年前，我抽得也凶，尤其是写作中。我住在北京人民文学出版社写长篇时，四五个作家挤在一间屋里，连写作带睡觉。我们全抽烟，天天把小屋抽成一片云海。灰白色厚厚的云层静静地浮在屋子中间。烟民之间全是有福同享。一人有烟大家抽，抽完这人抽那人。全抽完了，就趴在地上找烟头。凑几个烟头，剥出烟丝，撕一条稿纸卷上，又一支烟。可有时晚上躺下来，忽然害怕桌上烟火未熄，犯起了神经质，爬起来查看查看，还不放心。索性把新写的稿纸拿到枕边，怕把自己的心血烧掉。

烟民做到这个份儿，后来戒烟的过程必然十分艰难。单用意志远远不够，还得使出各种办法对付自己。比方，一方面我在面前故意摆一盒烟，用激将法来捶打自己的意志；一方面，在烟瘾上来时，又不得不把一支不装烟丝的空烟斗叼在嘴上，好像在戒奶的孩子的嘴里塞上一个奶嘴，致使来访的朋友们哈哈大笑。

只有在戒烟的时候，才会感受到烟的厉害。

最厉害的事物是一种看不见的习惯。当你与一种有害的习惯诀别之后，又找不到新的事物并成为一种习惯时，最容易出现的便是返回去。从生活习惯到思想习惯全是如此。这一点也是我在小说《三寸金莲》中"放足"那部分着意写的。

　　如今我已经戒烟十年有余。屋内烟消云散，一片清明，空气里只有观音竹细密的小叶散出的优雅而高逸的气息。至于架上的书，历史的界线更显分明；凡是发黄的书脊，全是我吸烟时代就立在书架上的；此后来者，则一律鲜明夺目，毫无污染。今天，写作时不再吸烟，思维一样灵动如水，活泼而光亮。往往看到电视片中出现一位奋笔写作的作家，一边皱眉深思，一边喷云吐雾，我会哑然失笑，并庆幸自己已然和这种糟糕的样子永久地告别了。

　　一个边儿磨毛的皮烟盒，一个老式的有机玻璃烟嘴，陈放在我的玻璃柜里。这是我生命的文物。但在它们成为文物之后，所证实的不仅仅是我做过烟民的履历，它还会忽然鲜活地把昨天生活中某一个画面唤醒，就像我上边描述的那种种的细节和种种的滋味。

　　去年，我去北欧。在爱尔兰首都都柏林的一个小烟摊前。忽然一个圆形红色的形象跳到眼中。我马上认出这是父亲半个世纪前常抽的那种英国名牌烟"红光"。一种十分特别和久违的亲切感拥到我的身上。我马上买了一盒。回津后，在父亲祭日那天，用一束淡雅的花衬托着，将它放在父亲的墓前。这一瞬竟叫我感到了父亲在世一般的音容，很生动，很贴近。这真是奇妙的事！虽然我明明知道这烟曾经有害于父亲的身体，在父亲活着的时候，我希望彻底撤掉它。但在父亲离去后，我为什么又把它十分珍惜地自万里之外捧了回来？

　　我明白了，这烟其实早已经是父亲生命的一部分。

　　从属于生命的事物，一定会永远地记忆着生命的内容。特别是在生命消失之后。我这句话是广义的。

　　物本无情，物皆有情，这两句话中间的道理便是本文深在的主题。

# 烟难戒

烟是人类弱点的象征。烟的存在,烟民的"明知山有虎,偏向虎山行",说明了人的软弱性,也说明了人的及时行乐观念。

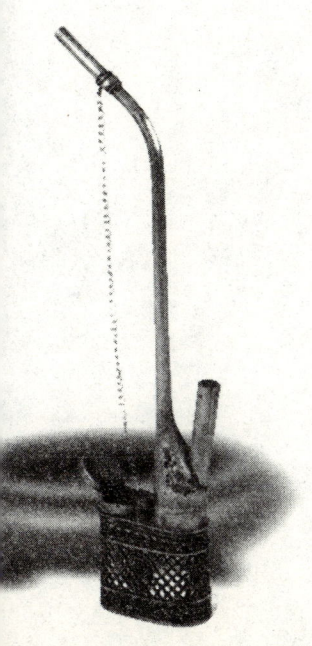

# 小谈烟

林徽因

> 你还可用它来压住你的等人的焦躁，无论你在等着的是爱，或者是钱，而且同时你还可用它来计算你所在等着的时间。

一个人的最亲切的伴侣是什么，你说？要是你要我说的话，那末我要说，是烟。烟，是说卷烟，就是在有的时候被叫做纸烟或者香烟的。它会在无论什么的中间是你的最亲切的伴侣，在你要它做你的伴侣的时候。

伴侣你有各式各样的，或者是一个太太，一个爱人，一个密友，一条狗，或者是一根杖。可是这些你常会感到他们是那样地难弄的，只要你偶然有一句不小心的话，或者一个不检点的举动，他们就会生你的气，发你的脾气。就说杖，你也得随时随地地用你的一只手或者一条臂膀去搀扶它；要是你一忽略它的话，它就会丢得你无影无踪。

而烟，只要有你的任何一只口袋的任何一角来容纳它，它就会身心舒泰地躲在那里。即使你好久不理会它，它也决不会向你发句怨言；它也不会嫌你多事，不管你怎样频频地去惊扰它。所以，虽然它常在你的身边，你却一点都不会感到对于它有任何细微的负担。你或者要放任地抽它，或者要丢弃地不抽它，都可如你的心意。

既然是你的一个伴侣，而且是一个最亲切的伴侣，在你感到寂寞的时候，你会很容易地想到它。你会从你的口袋抽出一支烟来，用火柴点旺了它，而在你抽了它一口以后，你把它从你的嘴唇上拿了下来，向它的在燃烧着的头凝视着，仿佛在静等着，看它要对你说什么话似的。

在想不出或者决不定一件事的时候，你也总是在乞助于烟，有很多的事情就在烟在你的两指间沉思地转动的中间给想了出来，或者给决定了下来。

它也可帮你解除看来不容易解除的场面。听了别人的，比如，要你为他做一些什么的诉说或者要求，而看到你无法做这个，却不晓得要怎样对对方说才好，而在你抽了两三口烟以后，你就往往会很自如地说出了你不能做这件事的为什么来。

你还可用它来压住你的等人的焦躁，无论你在等着的是爱，或者是钱，而且同时你还可用它来计算你所在等着的时间，要是你在手边没有表，又看不到钟的话。要是说了要你等半小时的，在你接连地抽着的第四支烟上，你可知道你所在等着的人已在走向你的边头。

不但焦躁，烟也可压住你的火——在你从银幕或者从别的什么看到又粘又腻又热的场面的时候，你不是在这好像没有办法的中间总是深深地抽一口烟？由此你似乎得到了舒散，也似乎更深入地体味了那场面。

会向一个不相识者透露你的心意，最敏捷的也是烟。你执了一支烟，有些欲抽不抽的样子，而同时又在止不住望那对方，这给对方看到了，就不难看到在你的心里在转的是些什么念头。这是在泄漏你的秘密的，不错，只是你却并不在怎样责怪，即使不说反而有些喜欢，它泄漏了你的秘密。

凭了你手指中的烟，你可不失礼貌地对一个不相识者说：

"可否请给我一根火柴？"或者更简单地——"火柴？"

而你或者由此可使他成为你的一个相识，在你想使他成为你的一个相识的时候。

就是向人要一支烟也似乎并不被看做一件怎样不合理的事情。比如有人向你说：

"对不起,先生,我烟抽完了,这地方(或者这时候)又没有得买——"

不是不要等到他再说下去,你就会很愉快地献出了你的烟?

烟是一个那样地不着痕迹的介绍者。

你可是最好不要随意敬烟,除非向一个你所最熟的熟人。因为你所抽的烟,不一定就是他所抽的。比如你所中意的是混合烟叶,而他所惯抽的却是佛及尼亚。尤其要是你是喜欢抽一些怪烟的,就是说在别的人不习惯的,他接受了你的烟,在从那第一口得知了它的太浓的甜或者太密的苦,会使他陷于不晓得还是抽完了它好,还是丢弃了它好的窘迫的情景中去。

而且,在烟的味以外,有些人是还有对于烟的名称与在那上面的字体或者图案之类的趣味的。对于金鼠,他就会不明白在鼠的上面为什么要加上那金?不是只要鼠就得?这也许就是他所以喜欢骆驼的缘故,看来那名称是那样的质朴的。以同样的理由,他也不会喜欢金龙,那没有颜色的限制的独角兽要好得多了。

以人名为名称的,无论那被应用的人是什么英雄或者美人,有的人都不会喜欢。他甚至不会抽雪莱,虽然那彩色的绢的头是那样的悦目。

还有那连抄袭都抄袭不好的抄袭人家有了 My Darling,就也有了 My Dear,而且虽然那另一个名字是美丽,那所在有着的图案却是丑陋,看了真会使人有叫"My dear!"之感。

对咧,我可不可以问你:你抽的是什么烟?

# 烟

吴组缃

> 一经点燃，随着袅袅的青烟散发极其淳雅淡素的幽香，拂入鼻官，留在齿颊，弥漫而又飘忽，使你想见凌波仙子，空谷佳人。

自从物价高涨，最先受到威胁的，在我，是吸烟。每日三餐，孩子们捧起碗来，向桌上一瞪眼，就撅起了小嘴巴，没有肉吃。"爸爸每天吸一包烟，一包烟就是一斤多肉！"我分明听见那些乌溜溜的眼睛这样抱怨着。干脆把烟戒了吧；但已往我有过多少次经验的：十天半个月不吸，原很容易办到，可是易戒难守，要想从此戒绝，我觉得比旧时代妇女守节难得多。活到今天，还要吃这个苦？心里觉得不甘愿。

我开始吸劣等烟卷，就是像磁器口街头制造的那等货色，吸一口，喉管里一阵辣，不停地咳呛，口发涩，脸发红，鼻子里直冒火；有一等的一上嘴，卷纸就裂开了肚皮；有一等的叭它半天，不冒一丝烟星儿。我被折顿得心烦意躁，每天无缘无故要多发几次不小的脾气。

内人赶场回来，笑嘻嘻的对我说："我买了个好的东西赠你，你试试行不行。"她为我买来一把竹子做的水烟袋，还有一包上等的水烟丝，那叫做麻油烟。我是乡村里长大的，最初吸烟，并且吸上了所谓瘾，就正是这水烟。这是我的老朋副派头，不禁勾起我种种旧情，我不能不感觉欣喜。于是约略配备起来，布拉布拉吸着，并且看着那缭绕的青烟，凝着神，想。

并非出于"酸葡萄"的心理，我是认真以为，要谈浓厚的趣味，要谈佳妙的情调，当然是吸这个水烟。这完全是一种生活的艺术，这是我们民族文化的结晶。

最先，你得会上水，稍微多上了一点，会喝一口辣汤；上少了，不会发出那舒畅的声音，使你得着奇异的愉悦之感。其次，你得会装烟丝，掐这么一个小球球，不多不少，在拇指食指之间一团一揉，不轻不重；而后放入烟杯子，恰如其分的捺它一下——否则，你别想吸出烟来。接着，你要吹纸捻儿，"卜陀"一口，吹着了那点火星儿，百发百中，这比变戏法还要有趣。当然，这吹的工夫，和搓纸捻儿的艺术有着关系，那纸，必须裁得不宽不窄；搓时必须不紧不松。从这全部过程上，一个人可以发挥他的天才，并且从而表现他的个性和风格。有胡子的老伯伯，慢腾腾地掐着烟丝，团着揉着，用他的拇指轻轻按进杯子，而后迟迟地吹着纸捻，吸出舒和的声响：这就表现了一种神韵，淳厚，圆润，老拙，有点像刘石庵的书法。年轻美貌的婶子，拈起纸捻，微微掀开口，"甫得"，舌头轻轻探出牙齿，或是低头调整着纸念的松紧，那手腕上的饰物颤动着：这风姿韵味自有一种秾纤柔媚之致，使你仿佛读到一章南唐词。风流儒雅的先生，漫不经意的装着烟丝，或是闲闲的顿着纸捻上灰烬，而两眼却看着别处：这飘逸淡远的境界，岂不是有些近乎那云林的山水。

关于全套烟具有整顿，除非那吸烟的是个孤老，总不必自己劳力。这类事，普通都是婢妾之流的功课；寒素一点的人家，也是由儿女小辈操理。讲究的，烟袋里盛的白糖水，吸出的烟就有甜隽之味；或者是甘草薄荷水，可以解热清胃；其次则盛以米汤，简陋的才用白开水。烟袋必须每日一洗刷，三五日一次大打整。我所知道的，擦烟袋是用"瓦灰"。取两片瓦，磨出灰粉，再过一次小纱筛，提取极细的细末；这可以把白铜烟袋擦得晶莹雪亮，像一面哈哈镜，照出扁脸阔嘴巴来，而不致擦损那上面的精致镂刻。此外，冬夏须有托套。夏天用劈得至精至细的竹丝或龙须草编成，以防手汗；冬天则用绸缎制的，或丝线织的，以免冰手。这种托套上面，都织着或绣着各种图案：福字，寿字，长命富贵，吉祥如意，以及龙凤牡丹，卍字不断头之类。托上至颈头，还系有丝带，线绳，饰着田字结蝴蝶结和璎珞。这些都是家中女流的手工。密切关联的一件事，就是搓纸捻儿，不但有粗细、松紧之不同，在尾端作结时，也有种种的办法。不讲究的随手扭它一下，只要不散便算。考究的，叠得整齐利落，例如"公子帽"；或折得玲珑美观，比如"方胜"。在这尾结上，往往染上颜色，有喜庆的人家染红，居丧在孝的人家染蓝。这搓纸捻的表心纸也有讲究。春三月间，庭园里的珠兰着花，每天早晨及时采集，匀整地铺在喷湿的蒋棉纸里，一层层放到表心纸里熨着，使香味浸透纸质。这种表心纸搓成捻儿，一经点燃，随着袅袅的青烟散发极其淳雅淡素的幽香，拂入鼻官，留在齿颊，弥漫而又飘忽，使你想见凌波仙子，空谷佳人。其次用玉兰，茉莉。若用桂花，栀子花，那就显得雅得有点俗气。所有这一切配备料理的工作，是简陋还是繁缛，村俗还是高雅，丑恶还是优美，寒伧还是华贵，粗劣还是工致，草率还是谨严，笨拙还是玲巧，等等，最可表现吸烟者的身份和一个人家的家风。贾母史太君若是吸水烟，拿出来的派头一定和刘姥姥的不同；天长杜府杜少卿老爷家的烟袋也一定和南京鲍庭玺家的不同，这不须说的。一位老先生，手里托着一把整洁美致的烟袋，就说明他的婢仆不怠惰，他的儿女媳妇勤快，聪明，孝顺，他是个有家教，有福气的人。又如到人家作客，递来一把烟袋，杯子里烟垢滞塞，托把上烟末狼藉，这总是败落的门户；一个人家拖出一个纸捻，粗壮如手指，松散如王妈妈裹脚布，这往往是懒惰不爱好没教养混日子的人家。

吸水烟，显然的，是一种闲中之趣，是一种闲逸生活的消遣与享受。它的真正效用，并不在于吸出烟来过瘾。终天辛苦的劳动者们忙里偷闲，急着抢着，脸红脖子粗的狼吞虎咽几口，匆匆丢开，这总是为过瘾。但这用的必是毛竹旱烟杆。水烟的妙用决不在此。

比如上面说的那位老先生，他只须把他的那把洁净美观的烟袋托在手里，他就具体的显现了他的福气，因此他可以成天的拿着烟袋，而未必吸一二口烟，纸捻烧完一根，他叫他的小孩儿再为他点一根；趁这时候，他可以摩一摩这孩儿的头，拍拍孩儿的小下巴。在这当中，他享受到的该多么丰富，多么深厚！又比如一位有身家的先生，当他擎着烟袋，大腿架着二腿，安静自在的坐着，慢条斯理的装着烟丝，从容舒徐的吸个一口半口，这也就把他的闲逸之乐着上了颜色，使他格外鲜明的意识到生之欢喜。

一个人要不是性情孤僻，或者有奇特的洁癖，他的烟袋总不会由他个人独用。哥哥和老弟对坐谈着家常，一把水烟袋递过来又递过去，他们的手足之情即因而愈见得深切。妯娌们避着公婆的眼，两三个人躲在一起大胆偷吸几袋，就仿佛同过患难，平日心中纵然有些芥蒂，也可化除得干干净净。亲戚朋友们聚谈，这个吸完，好好的再装一袋，而后谨慎的抹一抹嘴头，恭恭敬敬的递给另一人；这人客气的站起来，含笑接到手里。这样，一把烟袋从这个手递到那个手，从这个嘴传到那个嘴，于是益发显得大家庄敬而有礼貌，彼此的心益发密切无间，谈话的空气益发亲热和融和。同样的，在别种场合，比如商店伙计同事们当晚间收了店，大家聚集在后厅摆一会龙门阵，也必须有一把烟袋相互传递，才能使笑声格外响亮，兴致格外浓厚；再如江湖旅客们投店歇夜，饭后洗了脚，带着三分酒意，大家团坐着，夏天摇着扇子，冬天围着几块炭火，也因店老板一把水烟袋，而使得陌生的人们谈锋活泼，渐渐的肺腑相见，俨然成了最相知的老朋友。当然，在这些递传着吸烟的人们之中，免不得有患疥疮肺痨和花柳病的；在他们客气的用手或帕子抹一抹嘴头递过去时，那些手也许刚刚抠过脚丫，搔过癣疥，那帕子也许拭过汗擤过鼻涕，但是全不相干，谁也不会介意这些的，你知道我们中国讲的原是精神文明。

洋派的抽烟卷儿有这些妙用，有这些趣味与情致么？第一，它的制度过于简单了，出不了什么花样。你最多到市上买个象牙烟嘴自来取灯儿什么的,但这多么枯索而没有意味;你从那些上面体味不到一点别人对于你的关切与用心,以及一点人情的温暖。第二,你燃着一支短小的烟卷在手,任你多大天才,也没手脚可做,最巧的也不过耍点小聪明喷几个烟圈儿,试想比起托着水烟袋的那番韵味与风趣,何其幼稚可笑!第三,你只能独自个儿吸;要敬朋友烟,你只能打开烟盒,让他自己另取一支。若像某些中国人所做的,把一支烟吸过几口,又递给别人,或是从别人嘴上取过来,衔到自己嘴里,那叫旁人看着可真不顺眼。如此,你和朋友叙晤,你吸你的,他吸他的,彼此之间表示一种意思,是他嫌恶你,你也嫌恶他,显见出心的距离,精神的隔阂。你们纵是交谊很深,正谈着知心的话,也好像在接洽事物,交涉条件或谈判什么买卖,看来没有温厚亲贴的情感可言。

是的,精神文明,家长统治,家族本位制度,闲散的艺术化生活,是我们这个古老农业民族生活文化的特质;我们从吸水烟的这件事上,已经看了出来。这和以西洋工业文化为背景的烟卷儿——它所表示的特性是:物质文明,个人或社会本位制度,紧张的力讲效率的科学化生活,是全然不同的。

我不禁大大悲哀起来。因为我想到目前内在与外在的生活,已不能与吸水烟相协调。我自己必须劳动,惟劳动给我喜悦。可是,上讲堂,伏案写字,外出散步,固然不能托着水烟袋,即在读书看报时,我也定会感觉很大的不便。而且,不幸我的脑子又不可抵拒地染上了一些西洋色彩,拿着水烟在手,我只意味到自己的丑,迂腐,老气横秋,我已不能领会玩味出什么韵调和情致。至于同别人递传着烟袋,不生嫌恶之心,而享受或欣赏其中的温情与风趣,那我更办不到。再说,我有的只是个简单的小家庭,既没妾,也不能有婢。我的孩子平日在学校读书;我的女人除为平价米去办公而外,还得操作家事。他们不但不会,没空,并且无心为我整备烟具,即在我自己,也不可能从这上面意识到感受到什么快乐幸福,像从前那些老爷太太们所能的。若叫我亲手来料理,我将不胜其忙而其烦。

本是享乐的事，变成了苦役；那我倒宁愿把烟戒绝，不受这个罪！

客观形势已成过去，必要的条件也不再存在，而我还带着怀旧的欣喜之情，托着这把陋劣的，徒具形式的竹子烟袋吸着，我骤然发觉到：这简直是一个极大的讽嘲！我有点毛骨悚然，连忙丢开了烟袋。

"不行，不行，我不吸这个。"

"为什么？"

"为什么？因为，因为我要在世界上立足，我要活！"我乱七八糟的答。

"那是怎么讲，你？"她吃惊地望着我。

"总而言之，我还是得抽烟卷儿，而且不要磁器口的那等蹩脚货！"

# 烟

黄苗子

> 每到妙处，"总是心里想伸一只手去取一支烟，但是表面上却只有立起而又坐下，或者换换坐姿"，眼看朋友"自自然然的一口一口地吞云吐雾，似有不胜其乐之慨"。

我太太有点烟癖——我不好意思叫她"烟鬼"，因为她说，她吸烟是有限度的，只是宴会后吃得太饱时，她才抽一根；并且由于她这一公布，同桌的人就纷纷表示同情，递烟过去，因此她又往往不费分文，白抽几支。

有人说，现在许多男士，鉴于政府卫生部门的警告以及癌症学会的实验报告，都已幡然悔悟，誓绝此弊。但妇女们比男子更固执，她们宁可怕老鼠、怕蟑螂、怕蛇、怕鬼，都不怕癌，所以现代妇女抽烟日渐增多，这不仅是由于妇女近年在社会、商业经济、文化政治等方面慢慢与男子齐驱，在社交场中，一支高贵女装烟，足以表现其身价和地位也。

有人替女士们解释，男子戒烟，其主要原因是由于理智的控制力强些，现代男子不怕老鼠、不怕蟑螂、不怕车祸或打劫（因财产买了保险）……但是怕死；美越战争打不下去，就是因为美国男子不愿意死，而打仗又非女人可以代替，于是战争就只好结束。女人比男人——至少在死的问题上勇敢得多。摊开报纸，爱情干扰之事，男女双方都有，但是跳楼、割脉、服毒、投海的十之七八是女性单方，男女双方的仅占十分之一二点几，男子为情自杀的不到十分之点一二。由此可见，"抽烟是慢性自杀"论一出，男子戒烟者纷纷，而妇女岿然不动,是有理由的。

　　但男子戒烟也极不容易。林语堂自述经验……有朋自远方来,炉旁叙旧,谈到旧友情况及世态炎凉,每到妙处,"总是心里想伸一只手去取一支烟,但是表面上却只有立起而又坐下,或者换换坐姿",眼看朋友"自自然然的一口一口地吞云吐雾,似有不胜其乐之慨"。林语堂大为沮丧!

# 我的戒烟

林斤澜

> 取舍之间，忽然发觉与烟的缘份中有道堪称"烟道"。吸时顺其性情，不随大流，不苟同时势，仅仅听命内心的呼唤。

"我的戒烟"的烟，是纸烟、香烟、烟卷儿也，不是乌烟、红烟、海烟。这在林语堂当年有所含混还可以幽默一下，在林某人现如今可不是闹着玩儿的，"性命交关"。

就说是纸烟吧，当年戒不戒全是个人的事，谁管你啦？闹得神不守舍是你自己折腾！什么"灵魂上的事业"，当年或会得个会心的微笑，眼下只讨人嫌。诸"癌"在前边等着呢，还犯"贫"！

公共场所禁烟。办公室扩大化到办公楼禁烟。磕头碰头全是"禁"字扎得慌，换个"无"字，一张绵里藏针的笑脸。无烟车厢，无烟房间，无烟区，无烟县——这就困难了，扩大不好化了，个中缘故下边交代。换个无烟日好，反正一年有三百六十五个日。县无烟日、省无烟日、国无烟日、球无烟日。

海外的经济不景气时有所闻，但不得见。海内的大中型企业正在解决运转不灵，没有听说其中有烟厂。倒是常听得见这儿那儿的烟厂肥得流油，是国家税收的大宗。似可信，因为厂家对文学的事不时赏赐油星子。

不准上电视出风头！

戏剧里的坏人不准抽烟。又一个扩大化——好人不能够是烟鬼！创造无烟舞台！无烟银幕荧屏！

黔首纹身！与刺配远恶军州的贼配军一样，与"文革"中墨面挂牌的牛鬼蛇神一样，烟身烟盒印上自己的罪恶！

这干屁事！笑骂由它笑骂，流油我自流油，创收自有鼓励创收。

这两股子劲儿越较越拧，越拧越较。早以前哪有过这大好形势呀！

此时此际，像我这么个戒烟经过，最好别提。实际连"戒"字都没有使过，从"戈"的字都太厉害了，不就为了一口烟，动兵器干嘛！去年秋天时热时冷，咳嗽不爱消停，粘痰扫黄出绿，忽又间有鲜红。艳丽可恕，可惜招摇不明来历。心想把烟放一放——去去就来之意，非绝交之词。医生给丸，给片，给浆，一一遵命服下。约半个月，咳嗽由剧咳转化戏咳。即应早已约下之约，声称拼命守信，南下做客。长烟短烟国烟洋烟，在眼面前递来递去，兀自摇头或抱拳都不伸手，有知道底细的问道："戒了？"答曰："咳嗽。"虽不多言，意向却明确"暂停"。

约两个月后，咳嗽渐消失，咽喉三寸之地，无带哨之音，只留下每日三五口纯洁的"棉花痰"玩玩。仿佛打记忆里，从没有过的清净。舟车之间，每逢呛鼻辣嗓之气体，必思此处为何不禁烟！遇父母官，亦作"国无烟日"、"球无烟日"难以实现之叹！

细思这一两个月关键时刻，没有借助药物药糖、咖啡酽茶、清盐某某、陈皮某某……并没有生理上的苦熬，魂灵上的苦闷，更没有升华到生命科学又哲学的迹象。一切仿佛只在"去去就来"的不经意中，去去还没有回来而已。"问我何往？廓尔忘言。"何来"戒"字？不堪言"戒"。

有回与一位长我半辈的同行同车。(辈的年数，尚无国际规定。炎黄子孙有一句豪言壮语：二十年后又是一条好汉。二十年，乃中庸之道。)

车上无聊，拿戒烟充数。半辈长者落下眼皮听之，这样无味的语言，只配催眠。正要放低调门，逐渐"淡出"，忽见长者睁目挺身，问道："你吸了几年？"

几年？总有半个世纪了吧，正算计着给个准确数字。长者等不得，说：

"四十年？五十年？实际上，你，你没有真正吸过。烟一进口，打哪里出来？"

高声大嗓，是不是年长耳背的缘故？我也提高音阶：

"嘴里鼻子里出来呗！"

"鼻子，也是打口腔过来，你的烟没有下过嗓子！什么叫吸烟？一吸吸到肚子里，爱打哪里出来，出呗，爱出不出，这才是烟民。"

烟民！我知道这个词儿，产生在早年间黑白不分的时代，实指乌烟。现在说的是纸烟，烟纸雪白，岂容颠倒是非。正要据理力争，只见半辈长者复落眼皮，又若余恨未消，口角龃龉。

"……四十也好，五十也好，有一辈子拿不到绿卡的……放宽点是个二等公民，吃紧的立刻驱逐出境……"

寻思"干柴烈火"一说，当以烈火为阳刚。几句没有油盐的"放"烟谈话，比干柴还干柴，应自守阴柔之道。

有声称戒烟一百回的！一笔勾掉"屡战屡败"的窝囊，圈出"屡败屡战"的雄姿。我当退避三舍。

好几位"爬格子"的朋友，有的一手拿烟一手执笔，有的未拿笔先点烟，有的稿子到了编辑部，浓缩的烟味扩散一屋子……一旦戒烟，有的手指连手腕哆嗦，字不成形。有的没写完一封信，绕屋三匝。有的拿日记发愤，顿断笔尖。有的"烟士披里纯"，掐掉当头一"烟"，下边的不知所云。

我敢跟谁吐露真情？我敢吗？

我先会吸烟，后学写作。写作开始之际，觉得又点火又磕烟灰，弄不好烫着手指，烧焦稿纸，窃为此时不宜吸烟。是否因此文字枯涩，尚无临床验证。

有说"饭后一支烟，赛似活神仙"。酒席之上，有烟共吸，亦不拒人千里。若个人独处，欲挽留唇齿里边，颚下舌上的美味，亦忌烟消云散。

上厕有同流合污之嫌，不吸。

早起遛弯儿，为吸上天新鲜空气，不吸人间烟火。

那么有没有适宜吸烟的时候？积几十年经验，例如听报告熬困之时，开会走神之际，连点连吸，可以面呈祥云，目含笑波，脑门清爽似三界外人。

再是三朋四友，放怀畅谈。香烟缭绕，情怀益放。白雾浮沉，谈吐更畅。

如此如此还挑剔烟籍？追究绿卡？至于审查是否下过咽喉关卡，深入肚皮基层一事，其心理不平衡虽可理解，那声色实令人立舍阴柔，快取阳刚。

取舍之间，忽然发觉与烟的缘份中有道堪称"烟道"。吸时顺其性情，不随大流，不苟同时势，仅仅听命内心的呼唤。放时顺其自然，不服药饵，不恶声言戒，行所当行止其当止行云流水。这么说来也只说了个表面，细察那自自然然状态实即大自然，即大自然就氤氲着神秘，神秘又如何，需夜深人静，或天心月圆，或六合浑沌，或漆黑中若浮若沉，诸癌无可惧，众邪无能为……这又如何，请看一位也长我半辈的翻译家，历尽劫波，做下哮喘。先不能上街，后不能下楼，再不能出屋，犹深夜不寐，点烟一支……家人劝告，医生严重禁止。译家悠然叹道："这是人生啊，人生啊……人生……"

岂是敝本家"灵魂的事业"冷冰冰一语了得！

# 吸烟有害健康

公 刘

> 环顾人世，说一套，做一套，比比皆是，使人觉得仿佛活在烟盒里。人类诚然如此，中国人尤其如此。

"吸烟有害健康"。内地坊间出售的香烟，大都在纸盒上印有这句带有劝善意味的箴言。劝善诚然是劝善，不过，我想，世上大概再也找不到比这更大的讽刺了。

最近，我一连写过两篇有关香烟的文章，这是第三篇了。促使我再次拿笔的动机是，从合肥一家晚报上，我读到了一则好消息，自五月份开始，首批三十七处公共场所，将继北京、苏州、武汉以后，实行局部禁烟。

平心而论，关于阐明吸烟之害的资讯，并不在少，而且言之凿凿。诸如：危害呼吸系统、心血管系统、消化系统直到神经系统，诱发肺癌、喉癌、口腔癌、膀胱癌、食道癌、胰腺癌；我国三亿五千万烟民中，每年死于与呼吸道有关疾病的人数已高达一百万；最新研究成果表明，父亲是烟民者，胎儿往往容易出现脑积水、兔唇、心脏先天性缺陷等，母亲是烟民者，会导致流产、胎儿畸形、弱智；即便双亲都不吸烟，但受了"二手烟"的影响，连胎毛上都能检测出烟污染的痕迹。说起"二手烟"，那祸害更为惊人：一个从不吸烟的人，只要在烟雾缭绕的环境中待上十五分钟，其受害程度，就绝不亚于吸烟者本人。所以，澳大利亚的烟盒上，仅仅警告"吸烟是慢性自杀"，那表述显然是不完整、不准确的。

亚洲烟草控制咨询公司经理朱迪思·麦凯在美国公共卫生协会第一百二十一届年会上说："美国和英国的烟草公司采取咄咄逼人的

促销攻势，利用政治和商业压力，向发展中国家渗透。"麦凯估计，到二○二五年，单是中国，就将有二百万人因吸烟而死亡。这也就是说，与现有数字相比较，还要翻上一番。为此，麦凯敦促十国仿效西方国家，"阻止这场烟祸的入侵。"我想，朱迪思·麦凯倒称得上是一位有良心的美国人。问题在于我们自己始终抱着一种古怪的、无法自圆其说的态度。我们的报纸，每每指斥美国在这个那个问题上奉行双重标准，但惟独绝口不提烟草之事。然而，统计数字却是：十年前，美国有百分之三十七的人吸烟，如今已减为百分之二十五点五，成了吸烟率最低的国家之一。在立法方面，美国更不遗余力，一再颁布严法细律。据一九九三年的《法律时代》报道，每逢发生烟草诉讼，至少有十一个州，总是坚持禁烟立场。学校、车站、码头、航空港、剧院、餐馆、办公室等处，早已实行禁烟，最近还出现了"无烟家庭"的判例。今年三月二十五日，克林顿政府又提出新的措施，全美将有六百万个公共场所，受到《职业安全和健康管理条例》与《室内空气质量条例》的管制。倘若不是烟草有百害而无一利，一贯崇尚自由主义的美国，何苦同吸烟上瘾的自家人过不去？

美国万宝路香烟，早在一九八七年就已经是中国的第四大广告客户。我国虽然禁止利用新闻媒体作香烟广告（实际上是禁而不止），但并不禁止宣传香烟的商标名称。

因此，我在上海曾惊讶地看到，几乎所有的大马路上，都有万宝路赫然君临。难怪《纽约人》不无得意地说，"菲利普·莫里斯已把中国最大的城市上海变成了万宝路国"了。这一现象，是不是恰恰足以反证我们自己也奉行了某种双重标准呢！我注意到，在大陆，近年间，骆驼烟卷土重来；值得注意的是，它装潢简朴，一仍旧貌，俨然一副"普罗"打扮；这是否也经过资本家的深思熟虑呢？"资产阶级就是资产阶级"，这句被某些人用来训诫大众的话，一度是年年讲月月讲天天讲的，如今这些人自己反倒不讲了。在台湾，美国人把吉普开到校门口，免费散发香烟。就凭这一招，他们赢得了数以十万计的新生代瘾君子。

英国设在孟加拉的烟草公司总经理，更说什么"我们没有强迫任何人吸烟，我们只是出售满足感，就像饭店出售殷勤款待一样。责怪我们是不公正的"。夫复何言！

"吸烟有害健康。"话头应该回到这句劝善箴言。环顾人世，说一套，做一套，比比皆是，使人觉得仿佛活在烟盒里。人类诚然如此，中国人尤其如此。

# 吸烟的故事

公 刘

> 不会抽烟,不算男子汉。真是十足的奇谈怪论!值得注意的是,女青年也纷纷加入"新潮"行列。

我一辈子不吸香烟,甚至讨厌香烟的气味,我认为那不是香,而是臭。凡有机会参加笔会什么的时候,我的惟一的"特殊化",就是要求最好"分配"一个不抽烟,或者知所节制的伙伴,与我同室而居。这,已经广为文学界同仁所熟知了。滑稽的是,《东方烟草报》竟向我长期赠阅,直到前不久,大概是终于发觉找错了对象,才停止了。

上面说到的不吸香烟,当然是指不自愿吸烟而言。至于被迫,倒是有过一点体验的,但也仅只一口。记得那是刚刚进入高中二年级上学期的第二个月,忽然间来了个插班生,年岁略长于我;此人出手阔绰,行为举止颇带痞气,在清一色的流亡学生中,这是相当扎眼的,特别是他成天叼着骆驼烟,上课时都偷偷地躲在桌子下边抽,更招人反感。同学们私下议论,骆驼烟是名牌,才跟随美国"飞虎队"一道进入中国不久,一般人都抽不起,为什么这家伙神气活现,一根接着一根,满不在乎?不久,大家就明白了,原来,他家是开窑子的,主顾正是江西遂川军用机场的美国飞行员,生意红火。和这种人不宜交往,固不待言。但是,有一天,闹不清是什么缘由,居然彼此聊起了吸烟的事;也许是我说了一句失敬的话吧,他刷地点着一支"骆驼",趁我不备,硬塞进了我的上下门牙之间;等我反应过来,虽则"呸呸"连声乱吐,却早已被呛了个半死了。

此后的几十年,毫无疑问,一直在吸所谓的二手烟;尽管再也没有谁敢使用暴力，拖我"下水"。毋须我解释，在可爱的中华大地上，瘾君子的队伍不断扩大，迄今已数以亿计了；而人人须臾不能或离的大气，除了别的污染源外，单是香烟造成的缭绕毒雾，早就严严实实地覆盖了前后左右，我凭什么能幸免逃脱！

今年一月十一日，英国一家市场研究机构发表了一份统计报告，宣布中国又创造了一项新的世界纪录：一九九三年度，全亚洲的烟民，总共消费二点六万亿支卷烟，其中中国占了三分之二，也就是说，人均吸烟七十五包！倘若扣除掉那摊派在不吸烟者头上的份额，数字肯定尤为骇人！然而，对我而言，这些数据却并非干巴巴的阿拉伯码子，它们是可以具体感知的。因为，在街头，我曾多次碰见过这类场面：一大群男孩子放学回家，估摸都不过十岁出头吧，竟为了争夺一支香烟，一路上打打闹闹，最后了是欢欢喜喜地分而吸之。这使我非常惊讶而又伤心。如今的世道究竟怎么啦?！我也亲自作过调查，问那些在中学时期就上了瘾的年轻人，何以要吸烟，他们的答复如出一辙："会抽烟，就得把我当作大人看待了。"显而易见，这里存在着一个观念误区，即：不会抽烟，不算男子汉。真是十足的奇谈怪论！值得注意的是，女青年也纷纷加入"新潮"行列。过去，内地人对关外的普遍吸烟风俗，感到不解，乃至编出顺口溜来，什么"十七十八的姑娘，拿着个大烟袋"，认定这是东北的一大"怪"；时下好了，所谓白领丽人喷着烟圈儿，更能施展魅力，更有利于开展"公关"的荒谬理论，已经公然见诸报端。如此看来，不要多久，不吸烟的将成为少数，甚至成为异类，二十一世纪的顺口溜，恐怕该把我辈视为一大"怪"，而大加调侃了吧。

# 烟囱世界

高晓声

> 毛主席呀毛主席,你量大福大,原谅这一遭吧,我可不是有意表示不敬啊!我知道什么都瞒不过你……

　　这篇文章,是被前一篇"壶边天下"引发出来的。俗话说烟酒不分家,有了"壶边天下",没有"烟囱世界",便少了半壁江山,形不成统一大局,会使胸有大志的人终身遗憾,死不瞑目。我们没有权利长使英雄泪满襟,我们不能不为他们写作。

　　烟和酒,能在许多人身上和谐统一。如果说酒有益,烟有毒,那真是矛盾统一了。人自有许多奇怪的地方,饮酒过度,能使人当场毙命,却称酒有营养;吸烟再凶,也不过头晕手颤,反说烟是毒品。而烟毒已有定论之后,吸引力之大,偏又超乎寻常,竟被众口一辞称为相思草,真是"恨小非君子,无毒不丈夫"。有毒的东西倒反独具魅力,可见人的本性,就喜欢接受蛊惑。所以三十六行以外,还有造舆论一行。

　　我家乡有位仁兄,能饮善吸,堪称楷模。平生对儿女无所建树,临终前替自己做总结说:"我这一生,莫看不曾造屋,至少烧掉三间,淹掉三间。"此话不假,也非忏悔。言下之意,倒是"此生不算虚度,可以死而无憾了"。乍听起来,很觉可笑。如果人生把精神寄托在烟酒上面,岂非滑天下之大稽!但仔细想想,那生烟的火,做酒的水,又何止是烧掉淹掉几间房子的事。世间万物,无非五行;占了水、火,便五分天下有其二了。从这里想开去,能说寄情于烟酒者没有鸿鹄之志吗?鸿门宴、单刀赴会、煮酒论英雄、杯酒释兵权……都是玩的大家伙。比伏尸百万、流血千里的战争还要动人呢!

烟的历史比酒短得多，但后生可畏，不但很快就同酒兄平起平坐，而且已成后来居上之势。特别是卷烟问世以后，差距就明显拉开了，它可以带在身上，随便什么时候要吸就吸，愿意一天吸到夜也不麻烦。拿来做交际品，更是妙极了。中国人多，如果请客饮酒，找张桌子坐下来就不容易，要个像样的地方放桌子就更难了。香烟则几乎无时无处不可请客，连厕所也不例外。甚至在厕所里请客更有异味。而且唯独在厕所里，香烟才是所向无敌、打倒一切的稀世之宝。我们来自五湖四海，各人为着各人的事，偶尔聚集到一块儿来，你也不认识我，我也不认识他，可是只要卷烟（厕所里也不例外）传一传，陌生的面孔都会喜笑颜开，好像我们的心就贴得更紧了。两人吵架，眼看要拼命了，劝也不听，阻也不得，这时候每人递去一根烟，形势顿时缓和，那拿了烟的手直想着要点火，如果对手先点着了，他也会凑上去点一点。两个烟囱一起冒烟，全没了打架的气氛。办公桌后面的脸孔，有许多都板得铁青，风吹不动，水泼不进，但一碰到火攻，脸色就好看了，就允许你同他商量了。总说吃了酒话多，其实吸了烟的话不知要多多少倍。如果你那香烟是上品，人家会设法拖住你聊天，多吸你几根或者让你终于明白该把剩下的全部留下来。有一次，一位年轻的亲戚骑自行车带我上城去看病，到了半路链条踩断了。断了链条等于断了路。刚巧附近路边头停着一辆带拖斗的拖拉机，我的这位亲戚就毫不犹豫走过去向司机递香烟。司机知道他的用意（虽然他根本没有说），一再辞谢，不肯接烟。按理说到了这步田地，已经无可挽回。想不到强中更有强中手，我亲戚见他不吃软的，就来硬的，那捏着香烟的手不但没有知难而退，反而像铁棒一样昂然直伸到对方的鼻子底下，并且振振有辞责怪道："你这个人怎么搞的，吸根香烟关什么事！又不是值钱的东西，推三阻四做什么，吸、吸、吸……"于是奇迹轻而易举地马上发生：对方不但没有生气，反而软下脸来笑笑接受了。我的亲戚却还继续埋怨他说："朋友哪里不交呢，你这个人也真是……"

"真是……"什么呢？写到这里，我不禁认真回忆，发觉平生竟一次也不曾碰到过因敬烟而被触怒了的。人之甘心受毒害如此，而且不吃还不是白不吃，吃了竟像连人带车，都被我亲戚买下了，他刚点着了火,我们两个人、一辆自行车就都上了拖拉机,招呼都不用打,一直搭到城里才下来。炎黄子孙是很有出息的,能把"一把菜刀闹革命"的经验发展为"一根香烟打天下"。

凡出门办事,尽管自己不抽香烟,也只有两类人不带这武器,一是傻瓜,一是皇帝。傻瓜乃不懂世事,而皇帝则因为天下早已属于他,无需再用香烟打。

香烟既然已经被当做武器广泛使用,自然就要考虑它的杀伤能力。现在不是有叫微型小说的么,那么香烟自然也可以称做微型棍子了。自从孙猴子闹过天宫,棍子的威名就已震撼三界。由此以往,掌棍的英雄就没有像中国文化那样出现过"断裂期"。十八般兵器中,一直有它的位置。后来金榜挂名,确定是它澄清了宇宙间的万里尘埃,遂红极一时,芸芸众生,无不以手执一根为荣;神州虽大,还挤得摆不开阵势,因此才出现了棍子满天飞的奇景。在那洁净的玉宇中,金棍子舞得像片火烧云,银棍子舞得耀眼睛,铁棍子舞得黑阵阵,木棍子舞得水也泼不进……这些都叫做"来硬的"。硬的威风,但也容易被看穿。我们总讲究水火相克,软硬兼施。刀子还有软刀子呢,棍子就没有软的了么!微型棍子刚好填补了这个空白,而且独当一面,犹如"半边天"。懂得了它的妙处,就用不着"一棍子打死"了。这个道理,中国人懂,外国人也懂(谁说中西文化没有共同之处呢),所以洋枪洋炮,也逐渐被洋酒洋烟所代替。而我们有许多同志,过去在战场上、在敌人的监狱里都不曾退缩或屈服,现在却中了"敌人的糖衣炮弹"倒下去了。其蛊人的效果之大如此。

当然,棍子也不是人人能舞的,硬棍子如此,软棍子也如此,都要看形势、懂行情。李顺大七八年造屋,到砖瓦厂提取官价砖头,厂方就要他先买"桁条"(香烟)来,那时的行情,有飞马牌、南京牌、芒果牌送出去,就很可以了;如果有前门,那就崭透,可以当出入国境的特别通行证用。再往前移些年月,在"三年自然灾害"期间,标准还要低,南京的万寿牌,徐州的丽华烟,也充得正菜用。没有人敢嫌。即使有阔佬不吸,收下来转送亲友也是大人情。前门、飞马是凤毛麟角,涉及政治待遇,要够那个级别才买得到,六分钱一包的红马,八分一包的双鱼,把它拆散开来放在显微镜下检验,也找不出一丝烟叶来。但市场上只要有得卖,就会一抢而空,我也常常幸而有它才能狼吞虎咽,以解饥渴。否则买烟叶子吃,一元一两,我都囊中羞涩买不起。有一次断"粮",我饿得在村上兜圈子都搜索不着吸,瘾了几天,清早上街去讨救兵,走到半路,忽然发现路侧有一包飞马牌横卧在草地上。我停步凝视,喜奇怪疑,怎么也不信会有人如此大意,把这样宝贵的东西随便丢失;莫非是小孩子使狭捉,把脏东西包在里面糊弄烟鬼不成?我想拾不敢拾,要走舍不得;真是又怕上当,又怕错过。终于踌躇着蹲了下来,如工兵起地雷,先束手小心认真观察,确定是否有危险后再采取行动;可算集中了精力,发挥了才华。果然既不曾错过,也不曾上当,的的确确是一包货真价实的原封头飞马牌。到手之后,我也并不曾有该不该交公的犹豫,如果我要为拾到一包烟吸了就良心不安,我就太对不起会使千百万人头落地的那顶反党反社会主义"右派"帽子了。总之在这二十根微型棍子跟前,是赤裸裸暴露了我这座烟囱无可救药的灵魂的。我实在是陷进去得太深了。对它无限相思,无限迷恋。虽然同它结交的历史远不及杯中物,高中毕业的时候还发誓不沾此恶习,但不到三年,烟囱之大便惊世骇俗了。我在朋友们的纪念册上曾介绍自己的特点是"个儿小,身体差,烟瘾还比饭量大"。即使患了不治之症(肺结核)也从不悔改。朋友劝我戒烟,我则劝朋友戒饭,总是没有结果。医生善解人意,不劝我戒,劝我"少吃点,吃好点"。后面那三个字,听得实在舒畅。因为当时我想吸中华牌还有忌惮,怕被人批评成贪图享受的资产阶级思想。现在有了医嘱,我就可以开怀痛吸了……于是便养成了吸好烟的恶习。五七年作为"右派"被揪出来,冬天在南京中山东路三〇七招待所挨文艺界"左派"人士批斗,有一次有人疑心我在听报告时做小动作搞攻守同盟,把我叫出会场命令我把口袋翻转给他们看时,就暴露我怀有一匣辉煌牌铁壳香烟。那是为庆祝第一个五年计划胜利完成特制的一批高级香烟,以后再也没有生产过……我提供这个细节完全不是对那几位同志记仇,而是他们可以证明我确有爱吸好香烟的恶习。从这个基础出发,一直发展到我竟能够与红马牌、双鱼牌为伴,能够把偶然拾到一包飞马牌香烟作为惊心动魄的大事铭记不忘,也就应该确认我委实已经在劳动改造中脱胎换骨，成为新人了。我对于"有啥吃啥"心悦诚服，我一直是跟在贫下中农的屁股后头争取赶上他们的生活水平，同他们同甘共苦的。

皇天后土，实所共鉴！

如果没有这样的背景，我想我决不会把那包飞马香烟记得那么清楚的。我的记忆力其实很差，往事都如隔世。通常看完一部长篇小说，会连主要人物的名字都很快忘记。所以，当年谁在报刊杂志上写了批判我的文章，谁在批斗会上慷慨激昂地做了揭发我的演说，我早就忘光，而且大都当时就没有看也没有听，连忘记两字都用不上。甚至近年来一些正人君子勤奋地戳我的背皮，把手指都戳酸了，戳痛了，已经拔出刀子来了，我也全然没有放到心上去。按理说是很不礼貌的，我这样一个百无一用的书生，前前后后竟惊动许多英雄豪杰日夜为我操劳，应该内疚，应该买些高级香烟孝敬孝敬他们才对。这样就可以让那些灵魂不用洗涤就得到安宁。我连这点也没做，并非小气，而是这一切的一切，对我来说远远不及那包飞马香烟更有记住的价值。

好像扯得太远了。其实一点也不，我一直在说香烟的形势和行情。作为一个颇有名气的烟囱，我对于各个时期香烟的形势和行情可说是相当关心的。我不但甘心受这些微型棍子的奴役，甚至爱屋及乌，对香烟的包装也一往情深。常常在烟柜前目迷五色，流连不忍去。有新牌子出来总要买一包，意不在烟而在壳也。试想当年中国市场，如果没有五彩缤纷的烟壳子点缀，岂不要黯然失色！五八年春天下乡劳改以前，等待处理实在等得无聊，我曾用十支装的中华牌烟壳编织成一只漂亮的提包。要没有它，我还真不知如何把时间消磨过去呢。

我一向相信我同香烟结下了不解之缘，我从没有想过要离开它。尽管结核菌在我絮软的肺叶上已经穴居，但也不能因此就叛离我的尼古丁兄弟，明智派都劝导说："不要再吸香烟了，这是慢性自杀剂！"这叫"旁人只说旁人话"，哪里懂得个中的滋味。所谓"慢性自杀"纯是高调，需知连大米饭也是一种慢性自杀剂，它在同肠胃的斗争中终将把消化系统破坏得无法收拾的。饭桶们笑烟囱们慢性自杀,充其量不过是五十步笑百步而已。烟囱的中坚分子则宣称香烟绝不可戒。人在烟囱在;旗子不倒,烟囱不倒。世间流传的戒烟故事,已足够人们一天笑到夜,一年笑到头,没有必要再去制造了。人是要有一点精神的,不要把这点精神在"吸了戒,戒了吸,再吸了戒"的反复过程中消耗掉,培养出那种叛徒性格来。我非常钦佩这种理论,后来更钦佩这位理论家的实践。他那管烟囱临死还冒烟,虽然每吞吐一口都像被敌人在鼻子里灌了辣椒水一样咳呛得死去活来,但他终于坚持到底,充分表现出了大无畏的英雄气概。

他的精神鼓舞着我们,有许许多多的同志正在踏着他的脚印前进,前赴后继,跌倒了爬起来,爬不起来就永远不会再跌倒。

就这样,在我被当作猴儿耍来耍去的漫长岁月(五分之一世纪强)里,自始至终,我与烟兄长相依。我们结发夫妻都不曾能够同它一样熬到头、它的命比女人硬,即使熬到内里一根烟丝都找不出来,还能靠烟梗填饱肚子挺然成棍。蹲到我的袋里来,硬邦邦地使我觉得还有东西撑住我的腰把子。所以弄得我无时无刻不依赖它。六八年金秋,武进全县中学教师被集中在前横中学清理阶级队伍,我在牛鬼队里一次向毛主席汇报活动中,低头认罪刚结束想走,被监督人员喝住,叫我继续向老人家请罪,一再责问我刚才搞的什么勾当。我木然失措,总也想不明白出了什么差错,最后还是他们喝令我把右手举起来,我才发现指缝间夹着个烟屁股。

唉,我们实在太亲密了,已经融为一体。毛主席呀毛主席,你量大福大,原谅这一遭吧,我可不是有意表示不敬啊!我知道什么都瞒不过你……请想一想,我敢吗?!

我对烟兄第一次萌发异志是在七九年夏天,那时候我由鬼变成人不久,极富生趣,明白在阳间做人比做鬼好,我会见了许多二十多年不见的老朋友,其中有方之,这时他离病故已只有几个月了,依旧是货真价实的烟囱。但吸进去已不舒服,分明在受罪了。我想彼此都折磨了几十年,青春已白白逝去,到现在刚有机会能做些事情,似应爱惜身体。因此竟劝他戒烟。我老实坦白,只劝过几次,并没有横加干涉。但是行过贿,那时候刚巧推出时代的尖端产品戒烟糖。我便去买来送他。买的时候还问清了"要吃多少才戒得掉"

后一次买足了的，也不曾多送。方之谢世后不久，我碰到了他的夫人，他夫人当然从丈夫那儿深知烟囱之害，见我还在吞云吐雾，就说："快戒掉，方之还有一大包戒烟糖搁在那儿没有动，你拿去吃吧！"我嘴里唯唯，肚子里直笑，明白那就是我买了送去的东西。他都不肯吃，我做傻瓜吗？后来自然也不曾去拿。

之后两年中，我的手头比较宽裕，思念旧情，便大捧烟兄的场。尽量拣质量好的塞进烟囱去烧，而且加班加点，每天至少让它冒烟十六小时（等于八小时工作制两班）。回想起来，那便是最鼎盛的时期了。俗话说月盈则亏，盛极必衰。虽然我从未说过戒烟，但那时心里已明白同烟兄团聚的日子不长了，要么生离，要么死别，此外已别无选择。

八二年春节第三天，去朋友家贺年，吃了晚饭步行回家，竟一步三喘，走不动了。我想烟兄当已把我看透，就要把我开革了。人贵有自知之明，于是当机立断，即刻戒烟。

那天晚上，我便抢在烟兄踢走我之前，主动搬出，自立门户。现在八九年春节已过，整整七个年头了，明白这门户是完全可以轻易撑持下去的。想当年有人怕我烟断命送，说年纪大了不宜改变习惯，改变了反而容易得绝症，列举某某和某某为例，都是戒烟才戒出癌症来的。我倒幸还健在，竟不能为卫道者再添一例。偶念及此，不禁要暗叫一声："惭愧！"

当时一刀切断，家里还有近十条香烟，有客来，便照敬。若出门，也总记得带包在身上。有一次去浴室洗澡，摸出来请服务员的客。服务员已经知道我戒了，很不好意思地说："高老师，你自己不吸了，还亏你买了请客！"我笑笑长叹一声道："一个人活在世上，最好是什么都能吃。我戒烟，是因为我不能吸了。你们能吸，就吸吧！"这原是随便说的话，想不到坐在我右侧的一位浴客竟兴奋得从靠背上竖起身来，大声赞同说："这倒也是一句话！"我看他如此鼓舞，不禁愕然。大概他也正在矛盾中，所以拾着鸡毛当令箭，便当拨开云雾见青天了。我只得笑着说："老弟哪，我那句话还开了个大决口在那儿呢。"

"怎么呐？"

"我说'最好什么都能吃',能行吗?要行的话,人——你吃不吃?"

于是大笑。

时间长了,别人见我果然不做冯妇,便另眼相看。我们这个社会是不会埋没人才的。伯乐们发现了,就树我做典型。最热心的是一些夫人们,拿我当炮弹攻击丈夫,说像我这种大烟囱都不冒烟了,哪还有戒不掉的理!斗争之余,又要我介绍经验,以便回去对丈夫进行具体帮助。我就说:"我的经验只有一条,你回去买足好烟让你丈夫日夜吸,让他吸厌了,就不吸了。"这是大实话。谁知人家当扯淡,都不肯听。无怪乎古人有"人生得一知己足矣"之叹。

知己诚难得,但孤独也不能使我移情了。我同烟兄各立门户,互不干扰,经过时间的考验,证实不算失策,因此并无改悔之心。但原先总以为彼此的前途,都像潺潺山溪,不会浩荡了。想不到烟兄的鹏程,竟在同我分手以后,我向独木桥上走去时,它便上了阳关道。记得当年吸洋烟,在广州还刚露头角。谁知这竟是前途无限的新生事物,转眼之前,便野火春风,势成燎原。不但当年也曾风流的飞马牌已销声匿迹,就是以鲜花为标志的光荣烟也早付东流。时代前进的脚步如冰似铁,冷硬无情,现在若要出手,已封了"前门牌,皱眉头;牡丹点头不伸手,吸了良友没准头,没有健牌莫开口"的辉煌时代了。那外国香烟吸起来,味道真真好得来!

去年有张小报登过一条消息说,这些年(总也不过几年吧)进口的外烟,累计约五亿美元。我想这该是"计划内"的数字吧,却也可见我们实力之雄厚。官方最近公布我国历年来欠的外债一共不过二百十亿美元,相比之下,五亿也还是个很小的数目。走私和零星带进来做礼品或自用的,也有相当一部分,但那是外快,无用入账的。当然,要对外开放,洋烟就不会不进来。我们要它来,意在供应外宾。但既然外宾吸得,我们自己当然也吸得,一碗水要端平,大家一起吸最好。我们的思想和我们的制度,极有利于一事一物的普及。肚子大大的,能消化一切……

试看现在长吸洋烟的,各行各业都有一大批。这大概也是行行出状元的意思。我们的同胞,有福气同洋烟做伴的,大都应是不靠工资生活的人，否则也陪不起。但我们周围偏偏大有人在，而且不该有的行业还特别来的多。他们的工资完全透明，奖金呢，国务院规定他们的单位不能经营工商业，应该能一眼看清。所以晓得他们的底细，算得出他们的合法收入够不上每天一包的支出。他们却天天吸、月月吸、年年吸，一牌到底，永不变味。长久乐此不疲，而且在大庭广众间常显得色，那才真叫本事！

于是我便想起在文化大革命里挂牌的事。记得有些女性被揪出来后，胸口牌上写的是"腐化分子"。那意思自然最明白不过了。我知道，她们中间大多数人都是冤枉的，但即使少数几个人果有其事，也不应受这种虐待。就是妓女，也不肯挂了牌上街去干。可是，如今细看那长叼洋烟的嘴脸，却看出其中有自愿的来。

# 我的戒烟

吴泰昌

> 他把香烟当作阶级敌人，这样才取得了戒烟的效果。后来听人说，这位人士就在把烟当阶级敌人狠斗的当天，在上厕所时又偷偷地抽起"阶级敌人"来了。

我怨恨他，当我记住七十二小时后，我要做难受的纤维多功能咽镜检查，真有点怨恨起他来。人到中年，又遇上了些认真的大夫，动不动就要我做这种那种检查。半月前，刚做了 B 超，肝依然稍大，比半年前不同，是发现长了一个小囊肿。大夫说这不算病，心才踏实下来。听力有所衰退，这也本属正常，但因我有二十年吸烟史，为了对我负责，大夫决定查查我的咽喉。为做咽镜检查，大夫又先让我做心电图检查。大夫这一一的认真，使平静了的心绪又有点忐忑不安。明知吸烟有害，谁叫自己甘愿上钩。一抽上，慢慢就上瘾，每晚吃了安眠药，还得连抽上三支，才能上床。

记不准何年何月何日几时几分我开始抽烟。记得清楚，是他默默地递给我一支大桥牌，武汉出的一种名烟，我才感到我正式抽烟了。七十年代初，我和他同在湖北咸宁"五·七"干校，虽然他早已是一代名诗人，我从校门也闯入了文坛，在被冲击这点上我们属于同类。老是阴雨的鬼天气，从早到黑繁重的体力活，难得有舒展的片刻，就是晚饭后至开大小会议前的半个多小时，没有相约，我们经常踏着黄昏，踩着泥泞的红土走上杂草丛生的小山坡。他的烟瘾不亚于他的名气，一根接着一根。为了躲避窒息得可怕的公共厕所，一人蹲一个坑，再好的朋友，也装着陌生，在相对无言中集中精力作大便功。而他，如同他的诗篇，毕竟是个燃烧着明亮个性的活人。他自找出路，脱下大作家讲文明的衫裰，到野外自由的荒坡上去作大便功。"你怎么也来这里？"当他头一次发现我走近他时，他有点紧张。"这里空气好！"我漫不经心地回答说。他急冲冲地换了一支烟。烟在浑黑的草丛中明灭闪忽。"抽一支吧，解解乏，"我们几乎并排蹲着在作大便功，微微摆动的草须触动我的屁股，很痒，很舒服。"你这人性子急，抽烟可急不得，抽一口歇一会儿，每抽一口，味儿戏劲儿都上来了！"我顺从地照他的教法去做，可歇的时间总没有他长，我暗中估一下，大约他抽一口，我已抽了三口。性子急的人，办不成大事。郭小川那些诗篇的名句警句，大约就是他在这抽一口歇一口之间冥思苦想出来的。"这大桥牌，比中华好抽，是我的老战友前些天托人从武汉捎来的！"听了他这句话，使我觉得吸进的吐出的烟味分外有趣，我禁不住笑在心里。小川长期在武汉工作，凭他的名气为人，老战友送几条大桥牌算得了什么，即便他尚在落难。引发我好笑的是，这大桥牌烟，明明是我前天去咸宁县城挑豆腐时偷偷替他买的。岂止他，当时连队里好几位落难的大作家吃的烟、酒、点心多是我这个采购员进城偷着替他们买来的。小川是个幽默的人，他把托我买的烟说成是关心他的老战友捎来的，我暗笑之后，猛抽了一口，突然感到烟里确有韵味。打那之后，我在替别人买烟时，自己也买上一二包，乏力或烦躁时，也独自抽上一支，渐渐染上了这个陋习。

平心而论，不是小川，我也会对烟上瘾的。很早很早，大约我十岁的时候。在家乡，深夜馄饨担子叫卖声在小巷响起的时候，我见着一位亲人断烟时的难熬的神情，用自己可怜的压岁钱叩开了巷口一家小铺替他买回了一包美国骆驼牌。他高兴得拍打了我几下光头。我偷了一支，第二天趁母亲不在家，在伙房里抽了，呛得直打喷嚏。不久，我的这位亲人因肺痨大吐血死了，听大人说这与吸烟过度有关。血、烟，给我幼小的心灵留下了可怕的阴影。大学八九年，不少同学抽烟，除了手上没钱，这点阴影使我对烟颇感畏惧。当小川递给我烟时，我没有回想起这个惧怕。当时的处境教人对自己、未来不可能想得更多，活下来就不容易。虽然抽烟已危及我的健康，只在回顾我的抽烟历程那么一会儿，我会对他有点怨恨。当我回想起那几年煎熬令人绝望的岁月，小川给我点起的烟，还是难忘的温馨的记忆。

　　抽烟对自己对他人本来都是有害的事。但烟鬼会寻找各种理由为抽烟在心理上辩护。八十年代初，体检已查出我患有慢性咽炎，大夫劝我戒烟或少抽。我正在下决心戒烟。有天下午我去看望茅盾先生，惯例先在他的客厅里等他，他进来微笑着说："今天的烟好，多抽几根吧！"只见茶几上放着一包精装的牡丹。经他的提醒，我才想起多次见到的是简装的大前门。既然茅公开口了，我不客气地自己动手，一个多小时，就抽了五六支。本来就很脆弱的戒烟想法很快又动摇了。更有甚者，朱光潜老师明白地劝我，既然想抽烟，就不必戒。他抽了半个多世纪的烟，喝了半个多世纪的酒，居然活到九十。朱先生常风趣地说：哪天我不想抽烟、喝酒，肯定身体不好。他临终前我去看他，他说好一阵没有抽烟喝酒的欲望了，这次看来熬不过去了。朱先生的话，很能使我接受，是否抽烟，听其自然吧！特别是我曾同国内最有名望的一位癌科专家交谈过，他从不抽烟、喝酒，坚持反对我抽烟。但不久他就是患癌症过世的，年龄还不及朱先生大。这个事实，又使我每当点起香烟时心里又稍许宽慰些。我有过一次真正有毅力的戒烟。一九八八年九月，我出访苏联，抵达莫斯科的当天晚上，在我下榻的俄罗斯饭店，饱食后美美地洗了一个热水澡，突然感到全身乏力，出冷汗，心脏像要跳出胸膛，我很害怕，迅速地拿着钥匙，走到相距几十米的已故老作家吴强的门口，尽力地敲门。他正在浴室洗澡，很久才缓慢地披着浴巾开门，我同他什么话也没说，急速冲进他的房间，从桌上拿了几粒硝酸甘油含在嘴里，静坐了一小时，情绪才稳定下来。后来听苏联大夫说，才知道是疲劳过度引起心脏早搏，吃点药就过去了。不过大夫建议我不要吸烟、喝酒。酒我本来就没有瘾，不喝就不喝，何况当时苏联酒很奇缺。烟不抽倒是挺难受。既然在异域，环境都陌生，怕万一再出险情，狠心不抽就不抽吧！居然这一狠心，有效到回国之后的九个月。为了表示与烟彻底决裂，我将喜爱的一个打火机送给了一位司机朋友。

　　也记不起，何月何日又开戒抽起烟来。量比戒之前多，品种也挑选较严。香港一位作家朋友每天为二三家报纸写几百字的专栏，居然开玩笑地以我戒烟又开戒为由头对付了两天。

　　朋友们现在都知道我抽烟，抽得凶。劝我戒烟的朋友愈来愈少了，至多劝我少抽点。但绝少有人知道，前些天我又在下狠心戒烟。记得文艺界一位前辈曾经说过：谁想把自己搞臭，就不断公开宣布自己要戒烟。一九六五年，我曾亲耳听到文艺界一位人士在活学活用毛主席著作大会上，声嘶力竭地说：他把香烟当作阶级敌人，这样才取得了戒烟的效果。后来听人说，这位人士就在把烟当阶级敌人狠斗的当天，在上厕所时又偷偷地抽起"阶级敌人"来了。所以这次我决心戒烟，准备静悄悄地。当我做完心电图检查，追问结果如何？检查者冷漠地说结果转病历，你去问大夫吧！我想心脏肯定是有毛病，得彻底戒烟了。事也凑巧，当我走出医院大门，在下班如潮的人流中，突然发现平日给我看病的内科兰大夫，我好不容易在一家副食店里找到了她，将刚才做心电图检查的重重疑虑告诉了她。她耐心地听着。我很想听她说你不要抽烟的话。可她却亲切冷静地对我说：估计心脏不会有大问题，否则当场就会将你留下，也许有点小毛病，否则会对你说正常。听完她这几句话，我微笑着说声谢谢，又习惯地点起了烟。

# 烟鬼的自白

韩作荣

> 人最需要烟的时候是没有灯光的暗夜，孤寂、清冷，这情形才是火的去处。将火柴擦亮，照亮一小片昏暗。寂灭。这时只有烟头是生动的。

朋友来访，知我者一到走廊便知道鄙人在与不在，那是烟透露的消息。倘若踏上楼梯便有冲人的烟草味，继而看到门缝渗出淡青的丝缕，就会逮着我这个冒烟起火的人。

从老屋搬到新居室已经六年，一间十平方米的书房，是我读书、写作，也是我独自吸烟的所在。来访者常常说这书房的壁纸有一种高贵、古朴的象牙色，问我从哪里购置而来。我只好苦笑着掀开一册挂历，露出一块与挂历相等的纯白色壁墙，然后再猛吸一口烟，有时竟惹得朋友哈哈大笑。

烟色就这样固执地留在屋子里，即使我这个烟鬼入得门来，扑鼻的也是烟的气味。妻子洗窗帘的时候，泡着淡灰色窗帘的水成了浓茶的颜色，我看着也吃惊。有人发现我烟吸得很快，重重地一口吸过，烟草和烟灰之间的一圈红火便迅速地前移一截。看来，用一支烟的工夫来量时间的长短误差过大了，我吸一支烟的时间就比别人短得多。有时一支吸过，随手又拈一支，对上火，再把烟蒂熄灭。周而复始，可连续吸上五六支。对此有人大惑不解，我也只是笑着说，一个吝啬的人，为的是节省几根火柴。

烟吸到这个份上，已没有优雅和享受可言。烟火常常燎得嘴唇生疼，这时候要是吃川菜就不得了，平日旁若无人的我会忸怩作态、吃相极为雅致斯文。这嘴唇的疼痛不但耽误吃，自然也有损唇的其他功能。睡眠前洗面净牙，满口泡沫使得喉咙总有要呕吐的感觉，而那牙照例是刷不净的，一天刷上两次，也绝不会明如编贝，口腔内整个一个黑暗的旧社会。

屈指数来，我的烟龄已有二十六年，想肺叶已经薰得和煤焦油一样了。妻子曾劝过我戒烟，我发火说一生就这么点儿爱好，戒了，活着还有什么意思！其实说起来我也不想吸这么多，早年最长的戒烟史只有三天，最少的半天时间。烟不戒还好，戒过之后变本加厉，以后则吸得更多，之后我便再也不谈戒烟的事。节制自己，尽量少吸的时候也是有的，可我这个人不能同时做两件事，整天只想着少吸烟，把手伸向烟盒时还是能缩回来，可一旦看稿、写作，便又一支接一支地吸起来。这时我会想起毛泽东的话：天要下雨，娘要嫁人，随他去吧。

染上不良嗜好是可恶的。在人群聚集的地方吞云吐雾，女士为之掩鼻、皱眉，这让人厌恶的事会让吸烟者尴尬。可心管不住嘴的时候，烟鬼也顾不了那么多了。说一支烟中的尼古丁可以杀死一只白鼠，人吸一支烟要少活十几秒钟。或许是人吸烟之后仍好好地活着，吸烟的危害要过二十几年才能看出来的缘故，人们照吸不误，且烟民大有逐日增多之势。我诧异于人体对毒素的承受力，第一次怀着好奇心吸烟，只吸了半根，我便头晕目眩，倒在床上昏睡过去。现在每天吸几十根烟，既不因吸烟而昏睡，也不因吸烟过多而失眠，只是一张铁青的脸，满面烟色，嘴唇黑紫，恐怕主要是吸烟过多所致。

对吸烟感到惬意，是我会吸烟但吸得很少的时候。当兵时下苦力的劳作后感到疲乏，坐在石头上点一支烟，狠狠地吸几口，是休息，那软软的暖暖的烟也实在是一种抚慰，是对生活的调节。在半明半昧的灯光下听音乐，点一支烟，让烟缕以淡青色的姿态踩着灰烬舞蹈，你会感到袅袅的烟雾已和乐音融合，随着烟缕的升腾，躯体也轻了起来，耳聪目明，感觉的触角似乎无处不在。这种情境下的烟，吸的只是一种情调。

人最需要烟的时候是没有灯光的暗夜，孤寂、清冷，这情形才是火的去处。将火柴擦亮，照亮一小片昏暗。寂灭。这时只有烟头是生动的，烟已无法拒绝燃烧，只需要嘴唇与火苗的接引，一闪一闪的红火随着呼吸明亮或黯淡。将巨大的夜晚烧出个小小的孔洞，也是在将时间一段一段烧毁。

　　烟吸得多的时候，大抵是兴奋抑或苦痛、心情动荡不安的时候。记得第一次将烟头丢了满地，是毕业后决定命运的时刻，坐卧不宁的漫长等待的几天。有时挚友对坐，泡一杯绿茶，胡侃一通，不知不觉间几盒烟便燃尽了。没有什么比半夜非常想吸烟时，只能面对空烟盒更懊丧的了，或者有烟，最后一根火柴却在擦破的磷面闪烁一下即告熄灭，会感到那颗随着火柴悬起的心也灭了一下。

　　其实吸烟和饮酒一样，每个人都有自己情有所钟的一种，只是这个，不是那个，那种口味的嗜好是不可替代的。给我留下不可磨灭印象的烟草之最，是玉溪卷烟厂出产的没有过滤嘴的"红山茶"。一柱亭亭玉立，手感松软而柔韧。烟点燃，灰塔长长的却不坠落，吸上一口烟在口腔之内拢成一团并不轻易流散，让人感到一种圆满的占有，品味的则是烟本身纯正的香气。此烟浓而不烈、软而不浮，一种恰到好处的温柔一种深入肺腑的微辣一种全身心的浸透。面对这样的烟，我这吸烟无度的烟鬼也肃然起敬，如同节日。可谓美味不可多用，最少要隔半小时才吸上一根。对于我来说，这时的吝啬才是真的吝啬，即使是亲朋好友，不懂烟的奥妙者我也绝不会请他吸上一根。说起来这已是过去的事情了，据讲这种没有过滤嘴的"红山茶"，烟厂已不再生产。烟已绝迹，则更让人可想而不可及。如今玉溪产的名牌香烟，只有"红塔山"可聊补缺憾，然而售价过高，偶尔为之尚可，以我这种连珠炮似的吸法，也只能可望而不可及。

　　嗜烟成癖却不吸带过滤嘴的香烟，在别人看来好怪。过滤嘴香烟我也吸过，或许是吸得过多所致，吸后感到左胸部像被细绳子勒紧一样疼痛，不带嘴的香烟吸得再多也没有这种感觉。还有一个重要的原因是，烟一经过滤便失去了原有的味觉，我总感到那是被隔了一层的假烟，吸起来一点儿烟味也没有，故吸烟时我便精心地将过滤嘴掰去。对此，朋友常拿我的一首小诗《过滤嘴香烟》取笑我。诗曰："为了避免上当受骗/少女在接吻的时候安了一个假嘴。"诗原本是诗，其实口里衔着烟时，绝不会有接吻的感觉。

烟一根一根在烟盒里排列，有很美的形式感，吸去几根，也会留下一种残缺美。可最后剩下一根时便会令我感到孤独，甚至有一种惶恐的惊觉。烟是宁静的，纤秀而文弱，其性格却火暴灼人，不解其味的人最好不要惹它。可一旦将烟点燃，就不要将其熄灭。我非常讨厌"掐"这个动词，听人说"把烟掐死"，身上似乎都感到被扼制的疼痛和接近窒息的气闷。烟点燃了就是一个活泼的生命，人不要妨碍它的燃烧。

还能说些什么呢？当我感到我已不成其为我，甚至别人也感到我不过是一个竹筒中吹出的一股烟，只有那种引人的热辣却捕捉不住的时候，我也为自己感到悲哀。过度的吸烟已经不是在吸烟，那是一种下滑的惯性。惯性是可怕的，一个身不由己的人不假思索做着的事，绝不会是美妙的。把一支烟一分为二，烟灰和烟蒂丢在烟缸里，把毒素留在体内，其实人还不如这只可以洗净的烟缸。人是不洁的、脏的，一个吸烟的人被污染，他无法纯洁。当我给远方的朋友捎去一条烟时，我该想到，我是在友好地谋杀他的生命啊！

我想起了蔡希陶，是他将美国的"大金元"烟草引进到云南栽种，自此，云烟才誉满天下。说起来，我对云烟的垂青、入迷，根子还在蔡希陶，他乃"烟魁祸首"也。可话又说回来，他并没有让我吸这么多的烟啊！

# 香烟的魔力

潘永翔

> 大家凑在一起吸烟聊天，你吸我的我吸你的，无形中拉近了距离。即使是平时有些隔阂的，也可以通过吸烟交流化解矛盾，重修旧好。

我一直以为在某些方面我很有自制力，比如吸烟。从小生活在农村，低头抬头都是吸烟的人，可是我就是没有染上这个恶习（我认为是恶习）。人说东北三大怪：窗户纸糊在外，养个孩子吊起来，大姑娘叼个大烟袋。可见在东北农村吸烟有多普遍了，连大姑娘都吸烟。

农村吸烟不像城里那么讲究，也有条件，烟叶是自己种的，卷烟纸随处可见，报纸草稿纸孩子用过的作业本都可以，一张纸撒一点烟叶子，一卷，成了。每个人的腰带上都挂着一个大大的烟口袋，如果用烟袋就更省事了，往那里一坐，把烟袋锅子往烟口袋里一按，然后用大拇指压实，点着就可以了，方便实惠。没有烟叶子时就用玉米叶子树叶子，都可以，搓碎卷上，只要冒烟就可以了。至于香烟，没人吸得起，一来没钱二来大家也嫌它没劲不过瘾，所以凡是农村吸烟的都吸旱烟，就是自己种的那种黄烟叶子。在农村即使穷得穿不上衣服，烟还是要吸的。所以不论大人孩子男人女人，大多会吸烟。生产队开会时你吸我吸大家都吸，会场就像是一个冒烟的工厂，烟雾缭绕，紫气蒸腾，云蒸霞蔚，煞是好看。

现在想来，农村人吸烟在很大的程度上是一种娱乐也是一种交流。那时文化生活贫乏，劳动之余没什么可以消遣的，大家凑在一起吸烟聊天，你吸我的我吸你的，无形中拉近了距离。即使是平时有些隔阂的，也可以通过吸烟交流化解矛盾，重修旧好。至于吸烟有害健康，那是无形中的看不见摸不着，所以谁也不在意。再说对于农民来说，过一天快乐一天，谁还想明天的事呢？况且那时农村缺少文化，更缺少科技知识，对于吸烟的危害认识得不足，所以吸烟的人越来越多，就连小孩子也受到了感染，从十几岁就开始吸烟，有的甚至更早。

  我爸爸从多大开始吸烟的他自己都不知道。每天起床爸爸首先得吸一支烟，然后再穿衣服。只要是有闲暇的时候爸爸的嘴上总是叼着一支烟，那烟渺渺地升腾，把爸爸罩在烟雾里。至今爸爸给我留下的最深的印象就是叼着烟的形象。爸爸对于烟的要求不高，每年在自留地里种几垄黄烟，秋后晒干捆成一捆一捆的，保存在仓房里。纸就用我们用过的作业本。爸爸卷烟的技术极娴熟，一张裁好的纸放在手里，把搓好的烟面子放上去，一折一弯一支烟就卷好了。爸爸吸烟时极安静，大多是闭着眼睛，像是在思考问题，又像是睡着了，还像是停止了呼吸，静静地享受吸烟带来的快乐。后来我到城里参加了工作，对吸烟的危害认识得多了，我就劝爸爸戒烟，告诉他吸烟的害处。可是爸爸似乎无动于衷，我说急了他就说：我就这一点爱好，你不让我吸咽我活着还有什么意思呢？好像是吸烟是爸爸的全部乐趣了。见劝不了爸爸，后来每年回家时就给爸爸买一些好的香烟，可是爸爸却不要。他说香烟不好，吸起来嗓子发痒。而且价钱太高，一支烟好几毛钱，太浪费不值得！如果我再给买他就拒绝吸，有时候回家看到我第一年给他买的烟还在那里放着呢。所以我只好停止了"供应"，再回家时我就给他卷好多好多的旱烟，用纸包成包，留着他日后用。爸爸唯一的一次戒烟只戒了三天，后来直到去世爸爸也没戒烟，可以说爸爸的一生是吸烟的一生是和烟战斗的一生。爸爸戒烟是在他生病住院时，医院病房里不让吸烟，弟弟就劝爸爸把烟戒了。没办法，爸爸三天没有吸烟。第四天我回去看爸爸，我问爸爸想吃什么？爸爸说我什么都不想吃，就是想吸烟。如果再不让吸烟爸爸就要出院。没办法，我和弟弟商量，每天把爸爸抬到走廊里，让他每天上下午各吸一次烟。后来无论怎么说爸爸也不去医院住院了，直到他去世也是在家里咽气的。我不知道香烟为什么有这么大的魔力，在爸爸的思想里，吸烟似乎比生命还重要。

　　我不吸烟是我天生的就对烟有抵触，一闻到烟味就咳嗽。再者我是一个生活简单的人，能省略的事一定省略。吸烟是一种很麻烦的事，种、晒、卷……一系列的劳动，对于我这种懒惰的人来说实在是一种负担。我不知道我最早是从哪里得到的吸烟有害健康的知识，但是我很小的时候就知道。这也是我没有吸烟的一个原因。虽然后来有条件能买得起香烟，但是我还是不愿意闻到烟味。因为有时候也爱写点东西，被人们称为"作家"，在人们的眼里似乎吸烟有利于思考，所以大多数人认为我该会吸烟。而且确实有一些人在写作的时候爱吸烟。可是我一直认为吸烟和思考是互不相关的两码事。我的抽屉里也有一盒香烟，有时候我也"吸"烟。但是我不点着，我喜欢把没点着的香烟放到鼻子下闻一闻，那味道我喜欢，有一种淡淡地说不清楚的香味。这些年随着岁月的更迭，人变老了，毛病也多了。自从得了咽炎之后就更闻不得烟味了。我在办公室最醒目的那面墙上贴了一个告示：本室禁烟。对于陌生人来说还有些警示作用，可是对一些朋友来说白纸一张。诗人庞壮国在我的告示后边加了一行小字：庞壮国除外。后来一些熟悉的朋友如法炮制，告示的后边已经有了一长串的"除外"了。

　　我所居住的这座城市的烟草专卖局有我的一位朋友，他们的效益格外地好，据说现在已经实行了年薪制。朋友是一个科长，年薪已经达到了可观的数字，是我工资的两倍还多。可见支持我国烟草事业的人士越来越多了。仔细观察，香烟已经成了生活中不可或缺的重要物资了。报纸电视以及所有的媒体都在宣传吸烟有害健康，吸烟百害无一利，为什么吸烟的人还在增加呢？看来香烟的魅力还真不可小觑。我身边的好几位朋友都吸烟，而且有的人身体还不好。我多次劝他们把烟戒了，可是至今他们还在津津有味地吸着害人性命的香烟。

　　明明知道吸烟等于慢性自杀，可是还是眼睁睁地看着自己在烟雾缭绕中走向坟墓，你说香烟的魅力怎么就这么大呢？

# 说 烟[1]

莫 言

> 什么东西一旦到了需要"戒"的地步,恰恰说明它迎合了人性中某一种需求。烟酒无不如是:烟使人精神放松、酒使人忘却世事……

关于抽烟的坏处,几乎人人明白。但抽烟的人,却不见减少。关于抽烟的好处,好像林语堂说过,但大家都当成黑色幽默来看。抽烟的人,总是希望能有科学家来证明抽烟的好处,但这显然是不可能的。抽烟的人,总是愿意把抽了一辈子烟但寿命很长的人——譬如抽了一辈子烟但活了九十岁的丘吉尔——当做不戒烟的理由。我的一个医生朋友,说人类中也许有一种"丘吉尔体质",对尼古丁有一种天生的抵抗力。但这样的人,肯定是少而又少。

不吸烟者会想:此物害人害己、百无一益……何能使人沉迷终生不可自拨?以至于催生出一个行业:专门研发各类戒烟产品,以助烟民逃离"烟海"?难以理喻吗?的确是。把自己的身体当成一个烟筒,烟熏火燎之,多么愚昧而可怕。但一旦染上这口,要戒,确实较难。

什么东西一旦到了需要"戒"的地步,恰恰说明它迎合了人性中某一种需求。烟酒无不如是:烟使人精神放松、酒使人忘却世事……烟和酒都可以快速地缩小人和人之间的距离,见面先递上一支烟,拘谨马上随烟而散。该办不成的事,也许就办成了。这大概是抽烟的好处吧。"文化大革命"后期,"走后门"猖獗时,很多不吸烟的人,出门办事,口袋里也要装上一包烟。我抽烟,就是那时学

---

[1] 该文系莫言为《烟醉》一书所撰序言。

会的。

烟是人类弱点的象征。烟的存在，烟民的"明知山有虎，偏向虎山行"，说明了人的软弱性，也说明了人的及时行乐观念。记得当年看《钢铁是怎样炼成的》，那里边的英雄保尔·柯察金，说不抽烟，就不抽烟。这样的毅力，让人敬仰，但大多数人，比较难以做到，所以大多数人也成不了英雄。

还是"文化大革命"期间，我在部队当兵，我们的一个烟枪领导，说一个伟人说，"人类总有一天会发现抽烟的好处"。这话估计是他捏造的。但如果不是从健康和节约的角度看，抽烟确实可以总结出一些好处。烟既能让人镇定，也能让人兴奋。叼一个大烟斗，似乎还是风度之一种。也常听到抽烟者自嘲"这是为国家做贡献"，烟酒都是重税物品啊，一包卖到几十元的烟，其成本也不过几元钱。

作者写这本书，其意肯定不是鼓励人们抽烟。我想他是要人们了解烟草的历史。烟草的历史，从某种意义上说，也是人的历史的一个侧面。人，在目前这个阶段，总是有些难以克服的弱点。譬如贪欲，譬如软弱，譬如自私，都是，不是好东西，但要彻底消灭，显然不可能。让人们认识到这些，还是有好处。最终的目的，就是要人更文明，更完美。共产主义是好制度，大家都知道，但要实现，只能慢慢来。让每个人都大公无私，是好境界，也只能慢慢来。在目前，还得利用人的这些弱点，搞点物质刺激，借以提高劳动生产率。我期望着人类永别烟草，就像期望着"英特纳雄奈尔"一定要实现。

# 父亲的烟

陈丹燕

> 一个行为学家的研究结果：烟是奶嘴的延续，当男人感到孤独、失望、疲劳的时候，有烟在手，就仿佛婴儿含奶嘴可以止住哭声一样。

父亲的烟瘾之大，在亲朋中间是有了名的。小时候的我，是家里唯一的女孩，而且比哥哥们小了许多，所以常爬到爸爸身上玩，不知被爸爸的香烟烧了多少次。

小时候爸爸工作极忙，几乎没有他和我一块吃晚饭一块过春节的印象。常常是半夜醒来，看到隔着一条走廊，父亲的房里亮着灯，并有一股一股的香烟气味浸润在夜色之中，那是父亲失眠了，在吸烟读书，父亲说是由于年轻时候延安社会部工作留下的后遗症。

那时，父亲的气味是由香烟和剃须水以及万金油联合组成的，是一股好闻的气味。只是父亲很少有机会在家里休假。小时候看他衣冠楚楚去上班，将一条深绿色的领带系得又小又硬又精致。后来看他穿了棉大衣，作为"走资派"被打破了嘴唇，那肿起的嘴唇对童年的我是个很大的打击，以致以后好长一段时间，给爸爸开门的时候心总乱跳一阵，怕再次看到可怕的情景。再后来看到爸爸调往北京时的忙乱，那正是一九七五年邓小平重新主持工作的后期，政治形势变化万端，哥哥送站时去买月台票竟将父亲的车票遗失，父亲坐在汽车后座心急如焚。那时我知道了烟和工作，是爸爸的命，而家和亲人，是他生活中的一部分。

转眼到了父亲离休的日子。离休是一个古怪并且不真实的字眼，对这个生造词后面的意味，我也是从父亲的香烟里体会到的。

刚回家时父亲曾经是高兴过的，他很爱读书但多年没有时间享受书，"文革"中家里多年的藏书全被抄抢一空，一九七八年以后父母亲又慢慢将书买回，父亲以为他终于有了时间去做他爱做的事，他甚至特地在家里布置了一间书房，那时正读中文系大四的我，突然觉得父亲像苏东坡时代的书生。

但很快父亲就沉寂下去。有天晚上有极亮的月光，一直照亮了大半个房间。父亲关着灯坐在沙发上，月光照亮了重重萦绕在他身上的轻烟，突然想起了母亲说的，父亲的烟增至三包。

父亲因为长期服用过量的安眠药，医生再三警告不要吸烟再增加肝的负担，父亲定期验血，每次去医院听化验结果，我都有大难临头的恐惧。但父亲从不为戒烟松口，也从不说为什么。

母亲苦劝父亲戒烟。

后来家里发生了变故。我和母亲到父亲所住的疗养院去告诉并安慰父亲，母亲陪父亲住一段，我独自先回。回家的这天父亲到疗养院门口来送我，车转弯开去的时候，突然看到一直镇定乐观的父亲独自落座在花团锦簇的石上，阳光将他的头发照得很白，仿佛一潭静水似的，深深地照亮了他无法遮盖的悲凉。他的手垂在膝上，因为没有烟。

突然就想起了《读者文摘》。一个行为学家的研究结果：烟是奶嘴的延续，当男人感到孤独、失望、疲劳的时候，有烟在手，就仿佛婴儿含奶嘴可以止住哭声一样。从此不劝父亲戒烟。看轻烟细线般在父亲四周缭绕起伏，仿佛一道屏障。

## 不想戒烟

还有比死更让人心惊胆战的吗?尽管抽烟已成了我生活的一种必须,但毕竟不是生命的一种必须,为了活命,戒吧。

当初学会抽烟,是何等的自然何等的潇洒,丝毫也没有勉强,而如今要戒烟,方知这痛苦来得如此的深重。

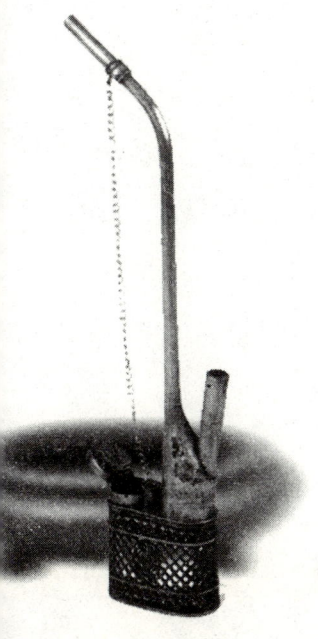

# 谈戒烟

钱歌川

> 戒烟的理由我一点也说不出来，抽烟的理由我倒可以说得一大串：抽烟可以消遣，可以促进文思，可以增加工作效率，可以交结朋友。

最近看到三个朋友不约而同地一下子都戒了烟。第一个是学校里的同事，他的收入比我多，又是单身汉，我觉得既不是要省钱，有时候抽一支烟，也未尝不可解除寂寞，然而他却把烟戒了。第二个是报界的朋友，每天做着夜工作坐到三更半夜，抽一支烟，提一下精神，也似乎有需要，但他却反而把烟戒了。第三个是外侨，收入比我们的大学教授要好得十几二十倍，买洋烟又便宜又方便，真是价廉物美，如果烟酒也在享受之列的话，他大可不必戒烟，然而他也随便的戒掉了。

我只有看过他们戒烟的结果，却不明白他们戒烟的原因。我也打算去问他们为什么而戒烟的。因为从一星期以前开始，我也停止抽烟了。如果他们反问我为什么要戒烟，我是回答不出来的。我的戒烟是毫无理由的。

戒烟的理由我一点也说不出来，抽烟的理由我倒可以说得一大串：抽烟可以消遣，可以促进文思，可以增加工作效率，可以交结朋友，尤其是可以使你过瘾，而且并不浪费金钱。至于那神气的外表，和梦幻的氛围，尤其余事。

果然不出我所料，你要提出抗议了。其实我说不浪费金钱的理由，是有事实根据的。你总还记得那个老笑话吧：有位不抽烟的人听到他的朋友已经抽了二十几年的烟，便马上作出一个结论，告诉那抽烟的朋友说："你要是把那些抽烟的钱积下来，你就可以造成一所像前面那样的三层楼的洋房了。"他的朋友对于这归纳的例证,当然首肯,但他却随口问道:"你老兄是不抽烟的,请问你积存下来的钱所造的洋房,又在哪里呢?"

每天所花的那一点点烟钱,十年二十年累积下来,自然其数惊人,不过这种小钱,你如果不花在香烟上,也会要花在别的零用上,决不能丢入贮钱箱中积起来的。试想你十年前留下的法币,现在别说买房子,甚至连一包嘉禾牌都买不到的。

我可以老实告诉你,我戒烟决不是为省钱。因为我无论怎样穷,买烟的钱总是有的,别人要抽好烟,我却能抽很凶的便宜烟。香烟无论怎样凶,总抵不过雪茄吧。我最初学抽烟,就是从雪茄入手的。我只要可以烧得出烟的任何烟草,都可以抽,经常纸烟、烟斗、雪茄,三者并用,对于清淡的双喜,反而并无特别的爱好。

我也不是为着卫生而停止抽烟的。英国的丘吉尔,雪茄不离手,他已经活了八十多岁了。在十七世纪中叶伦敦大瘟疫的时候,死人达七万人之多,但抽烟的人多能免疫,可见抽烟不仅对身体无害,反而是可以卫生的。

最近英国的卫生大臣麦克里德,在议会及记者招待会上报告英国医药委员会所提出的警告,说抽烟似和肺癌有关系,尤其是青年人抽烟太多,患肺癌的危险性便要增大。说到癌症,大家听了都感到可怕,但这位大臣倒好像满不在乎的样子,因为他一面报告抽烟有患肺癌的危险,一面自己却不断地在抽着香烟。

可见他并不因为怕患肺癌而停止抽烟,我相信他在这一生当中是不会戒烟的。万一他有一天也像我一样,突然地戒了烟,那末他的理由决不会是为着卫生更是不待言的。

有些人戒酒是因为没有好酒可喝的原故,那是一种考究的人,要喝就喝好的,没有好的宁肯不喝。我的戒烟,却不是如此,一则因为这里有的是好烟可买,二则因为我并不在乎要抽好烟。

抽烟的习惯是慢慢地养成的,而戒烟时却希望一刀两断,一下子就把它戒绝,这似乎不免要求过甚,有些不合情理。所以有人定下一个戒烟的步骤:第一步是自己不买烟,口袋里只备火柴,以便接受别人所敬烟的。第二步连火柴也不带,表示完全与烟火绝缘。

别人敬来有时只有烟而无火，也是没有办法抽的。第三步才达到戒绝的阶段，别人敬烟决不接受，因为这时眼看别人抽烟，也无动于衷了。

我还看见有人以糖代烟来作戒烟的手段，初戒的时候，一天可以吃上一两斤糖果，因为糖是不会上瘾的，逐渐减少，终于不吃，而烟也戒绝了。

有的人在工作时不抽烟，这是很便于戒烟的，他只消不断地工作就行。有的人走路时不抽烟，如果他要戒烟，就只好去逛马路。最没有办法的，就是我这种人，可说无时无地不抽烟，闲着也抽，做事也抽，在家也抽，走路也抽，一早起来什么都没有做，就衔着一支烟上厕所，至于每顿饭后抽一支烟，更是少不了的。而且不论好坏，只要是烟，没有不抽的，甚至把别人抽剩的烟头，积起来拌松一下，也可放在烟斗里，当亚尔培亲王烟丝来抽。像我这样无所不抽的人，戒烟的方法当然就少了。要想把它戒绝，似乎是天下最难的事。

这几天我家中备烟特别充足。有吕宋雪茄半盒，美国烟丝一磅，骆驼牌一条，八一四十几包，及新乐园六七包，到处都是烟，随时可拿来抽。然而我却不知怎样，忽然想到要戒烟，在上个礼拜天就开始实行，在各种烟陈列的当中，竟熟视无睹，一样也不染指，简直像快刀斩乱麻似地，说不抽就不抽了。并没有用糖果来代替，也没有妨害工作，尤其是并不感到有什么难过。俗语说，天下无难事，只怕有心人，我拿我最难的戒烟这件事来试试看，也证实确是如此。

我抽烟有三十年的历史了，这还是第一次戒烟，美国马克·吐温说戒烟不算是难事，因为他自己就曾戒过一百多次。我也认为戒烟不难，至少我已经戒了一次，且已经过一星期之久了。现在还没有想恢复抽烟的意思。我想这是可以用意志力来控制的，我既有意要想戒烟，所谓烟瘾以及种种烟的诱惑，都受不起这种意志力的压迫，而消声匿迹，等到将来我有意再抽烟的时候，自然又可以如辛稼轩的喝酒一样，"挥之则去，唤之即来"的。

# 不想戒烟

忆明珠

> "心地光明，百病不生"啊！什么毒言、恶语、砒霜、放射性元素……都毁不了我的罗汉金身，区区尼古丁又何足道哉！阿弥陀佛！

年轻人越来越多的学会了吸烟，老年人越来越多的实行了戒烟。年轻人的吸烟，大概也是为了所谓的"潇洒走一回"吧，但老年人的戒烟，却不见得是因为他们已经"潇洒"过了，临到桑榆晚景，返璞归真，欲远离人间烟火的缘故，据我所知其中大有一些人是由于健康状况所迫。医生警告：你再不戒烟，就要"骑鹤归西"了！在死亡之剑悬在头上之时，这些人才放下"烟枪"，也算是力尽关山，很壮烈的了！

我也是老龄社会的合格成员，但还不曾萌过戒烟的念头。如果现在由于我的烟瘾致使死亡之剑也悬临我的头顶，甚至这剑尖已触及我的喉咙，我当然决不至于以身殉烟，也会被迫放下"烟枪"的。但，我不曾听到这警号，我很少看病，怕上医院，尤怕查体，即使危在旦夕，警号亦无从鸣起。我总认为死是很不容易的，即便置身于险象丛生、危机四伏的环境中，不该死的总是死不掉。我一天吸香烟一包，这点点尼古丁，就要我的命了？我才不相信哩！

我的这种乐观有着哲学的根据。万事万物，相生相克。有好就有坏，有吉就有凶，有吃人的老虎，就有打虎的武松；有打虎的武松，就有敢于挑逗武松的潘金莲。虽然潘金莲被武松宰了，但潘金莲是人不是虎；打虎使武松成了英雄，宰了潘金莲却使英雄武松成了杀人犯了，谁会预见到事物会演化出这般结果？我有一位朋友生性懦弱，以怕老婆闻名，经常匍匐于石榴裙下作颤抖不已状。但家门以外，却无人敢欺侮他。因他老婆是只"母老虎"，只许自己欺侮自己的丈夫，这是她的爱的专利。别人对她丈夫若略有不逊，传到她耳朵里，必会打上门来，找你算帐，轻则招她臭骂一通，不小心还会被她撕破脸皮。这一手，使她丈夫获得了在社交中的安全感。人们以为他天天睡在"母老虎"身边，怎受得了；殊不知那是别一种风光的温柔，人家这俩口子，才真正是棒打不散的鸳鸯呢！

那么，我吸进肚子里的那些尼古丁哪里去了？虽然，我每天所吸香烟不过二十支，真尼古丁含量甚微；但我吸烟的历史长达半个世纪，滴水犹可穿石，这日复一日所吸的尼古丁，积少成多，也足够送掉我这条老命的了。我却还活着，且我感觉良好，似乎三两年内死不掉，甚至十年、二十年、三十年内都未必死得掉。曾问过一位医生，什么是我身上的尼古丁的克星。这医生知道我好吃茶，且只吃绿茶，一天到晚泡在茶里，半夜三更都要喝上几口。他认为我可能得益于此，尼古丁被茶消解了。更满意的解释则来自一位陌生人。半年前，我独自山行。噔噔噔，传来一阵脚步声，抬头看时，那人已拦在我的面前，长眉大目，微秃，相貌奇伟。说不准他是干什么，似带有江湖侠气。他站定了，注视着我，这时我才发现他腰间别着一把利斧。我大惊失色，心想我身上没带分文，他若要我留下买路钱可怎么办？忽听他嘀嘀大笑，拱手向我说道："老先生，见到您三生有幸。您老人家吉人天相，乃光明罗汉转世。"我说："罗汉中有以光明为号的吗？请教见于何经何典？"那人笑道："心地光明，百病不生，百病不生，即罗汉也！"说罢，噔噔噔，又是一阵脚步声，他已转过山脚，不见了。我像失去了重心似的，颓然倒地，一点力气没有，想爬都爬不动了。

至今想起当时的情景，犹历历在目，但我自己也说不清是真遇上这回事，还是做了一场梦。有时候我会把它真当梦，把梦当真。但那人的话，却深深印刻在我的心里，大大张扬了我的生活信念："心地光明，百病不生"啊！什么毒言、恶语、砒霜、放射性元素……都毁不了我的罗汉金身，区区尼古丁又何足道哉！阿弥陀佛！

# 唔，烟草

二月河

> 四次"下死决心"：戒掉！然而却是"戒不掉"，以至于戒烟时没有文思，急得绕室彷徨，推枕难眠。

烟草这东西如今说法越来越统一，总之因为损寿损健康，愈来愈不受待见。如今北京、上海等大郡名城已经政府明令禁止在公共场合抽烟。我想这是"公天下"之善事，专家们合计公议的结论，恐怕不会错的。

然而不幸，我从年轻时就当上了烟民。那时正十年内乱，我随部队战友下煤井"讨窑"，因井下设备不好，大家都怕出事故。因为每个月还有六元钱津贴，一旦冒了顶子，不但人没了，口袋里六元钱也殉葬了，于是决定要未雨绸缪，把"殉葬品"先行处理。香烟是一种最理想的选择。因为如果下饭馆，一顿饱餐六元就没了，似乎在打"速决战"，但若抽烟，那就不同，当时时兴"戴东风牌手表，抽万里牌香烟"。一条"万里"香烟两元左右，一个月抽上两条半，还可买点牙膏信纸之类的用品。这是一种适意的精神享受，又能和生活节奏同步进行：从井下上来，洗个热水澡，喝着开水，跷起二郎腿，夹着根香烟与战友闲侃，那是一种何等样的惬意！从那时到如今25年了，尽管"毒害"日滋日深，至今想起来仍悠然神往。得意6元钱花销得天衣无缝。

后来的戒烟宣传愈来愈吓人。这病那癌，咳嗽打喷嚏都与烟有关……一支烟损寿几何，也都亏了专家们披肝沥胆计算周全。"性命事大，其理难明。"渐渐也就栗栗畏惧。虽然没有唬得骨酥筋软，一想到"这支烟抽下去，明早有患癌之虞"，赶紧就掐掉它。看见电视上宣传抽烟之害，白褂子们口说手比一片慈悲心，和配着的惨不忍睹的画面，心里一阵阵发凉：不行，无论如何要戒掉狗日的烟！然而真是"犯了路线错误，改也难"。我因作文，边抽边写恶习成性，竟成"讨恶不复"之局，四次"下死决心"：戒掉！然而却是"戒不掉"，以至于戒烟时没有文思，急得绕室彷徨，推枕难眠，以至于尴尬得满地找自己遗落的烟蒂——与其作此丑态，还不如索性一索性，大大方方抽。至于癌症，此时且不能顾了！于是仍复故我，我行我素，边抽边写。《康熙大帝》等几部书就是在喷云吐雾袅袅香烟中炮制出来的。这固是"辉煌"的一面，其不堪的一面也甚"灰黄"：几次出差，都在禁烟候车室被罚款示儆，众目睽睽之下翻衣袋给人家掏钱，此中况味不道为外人道了。

阿弥陀佛，香烟，你要没毒多好！

一九九三年十二月于宛

# 男人不戒烟

聂鑫森

> 就为了那看不见摸不着的"死",我要省去人生的许多乐趣,我再不轻松再不从容再不悠闲,这不值得!

学会抽烟,对于一个男人来说,是一种必然,是一种经久不息的愉悦,而当他有一天宣布戒烟时,他便不由自主地陷入了一种难堪。

男人不抽烟,你会觉得他身上少点儿什么。衣衫上少点儿呛人的烟味?手指上少一截被烟熏出的金黄?

不,似乎不仅是这些。

小时候,每当我看见父亲抽烟,就莫名其妙地激动。暮色中,一星烟火明明灭灭,袅袅的青烟从那微曲的手指间升起,然后弥漫成一片朦胧,罩住了父亲的脸庞,使他的慈爱和庄肃一律变得神秘。我想,将来,我是要学会抽烟的。

记得在中学的图书室,我看到一幅《鲁迅》的黑白木刻画,这个小个子伟人背靠一排大书架,目光如刺,凝视着很黑很暗的远处,而他的手指间正燃着一支香烟,那支烟使我受到震撼,分明感受到他对生活的一种韧性、一种从容不迫、一种战斗间隙中的稍许轻闲……

长大了,参加工作了,我真的学会了抽烟。一抽就抽了二十几个年头。从低档到高档,从国烟到洋烟,从每天一包抽到每天两包,直抽得手指如金、面呈烟色,在友人中已是颇有名声了。

这辈子算是看过几本书的,居然读过一本关于抽烟的奇书,名曰《昭代丛书·烟谱》,是清代人写的,里面写到"烟有宜吃者八事：睡起宜吃，饭后宜吃，作文宜吃，观书欲倦宜吃，待好友不至宜吃，胸有烦闷宜吃，案无酒肴宜吃"。这些我自然是很赞成的，但似乎还可补充一条：与好友聊天宜吃。你想想，三五好友相聚，又都是瘾君子，一边抽烟，一边海天海地地"侃"，有烟雾萦绕，有火星闪烁，有划火柴和打火机击撞之声掺杂其间，真可谓声色俱备，洋洋自得其乐。

抽烟的人乐在其间，而不抽烟的，譬如说可爱的女同胞，她们对抽烟一事有何观感？友人对于这问题似乎格外有兴趣，因为那毕竟是半个世界的看法啊！一个友人说，女同胞一般来说，原则是反对抽烟的，而且大多是出于经济支出的本能敏感，但打的却是爱护身体、文明环境的绚丽旗号，恨不得所有的烟厂一夜之间统统倒闭。大家便一齐哄笑，笑够了，另一位友人点着一支烟，优雅地说："也不要把女同胞看低了，其中有不少超凡脱俗的，就非常主张男人抽烟——"他故意停顿了一下，然后说，"是的。我碰到过一个女孩子，她对我说，你抽烟的姿势很好看，很男性，你要是不抽烟，简直就想象不出你是一个什么模样！当时，感动得我要山呼'万岁'。她欣赏男人抽烟，是从审美的角度出发的，为了她这句话，我要抽一辈子的烟。"

我们热烈地鼓起掌来。

终于有一天，我必须戒烟了。原因是长期抽烟，支气管出了毛病，整日地咳嗽、吐痰，胸口滞闷难受，不得不去看大夫。各种各样的检查过后，大夫果断地说："你必须戒烟，否则，小心得肺癌！"

还有比死更让人心惊胆战的吗？尽管抽烟已成了我生活的一种必须，但毕竟不是生命的一种必须，为了活命，戒吧。

当初学会抽烟，是何等的自然何等的潇洒，丝毫也没有勉强，而如今要戒烟，方知这痛苦来得如此的深重。人刚往书桌边一坐，马上有几个习惯动作产生：取烟、划火、挪烟灰缸，现在全在省略之列了。没有烟，没有火柴，没有烟灰缸，视域里猛觉空去一大块，于是，哈欠便一个接一个，脑子里像搅着一堆糨糊，腰也直不起来！

所有的感觉是想睡。不要说写东西，就是好端端的锦绣文章，也一个字看不进去，像和书结了冤仇。于是，买来槟榔、梅子、糖果，让牙齿和下巴猛烈地震动，但收效甚微。烟啊，烟。只好站起来，孤独地在屋子里转圈，像一头困兽，随时想找人拼命。

真正的难受是和友人相聚的时候，人家好意递过一支烟来，我忙不迭地将两只手掌合成一面盾牌，阻挡这种具有强大诱惑力的进攻，嗫嚅地说："谢谢，戒了！"我知道这个动作非常难看，假若我没有戒烟的话，悠闲地接过烟，叼在嘴上，然后"啪"地划着火柴，一朵淡蓝的火苗触到烟头，猛吸几口，再忽地吐出一团烟雾，随即便可灵便地找到一个话题，那该多有意思。大家都惊愕地望着我，像打量一个外星人。接着，他们互相递烟，彼此接火，时断时续地聊起天来，气氛终究有点儿冷落。我也觉得自己成了一个局外人，许多话题我插不上嘴，插不上嘴时又不能用抽烟的动作来予以过渡，木木地坐着如一尊菩萨。就为了那看不见摸不着的"死"，我要省去人生的许多乐趣，我再不轻松再不从容再不悠闲，这不值得！

友人开始向我游说抽烟的种种好处，诸如，一吐一纳为气功之道啊，戒烟会破坏生理平衡呢，尼古丁可以杀菌啊，据最新研究抽烟未见得就是致癌的因素啊，尔后又举出许多有名有姓的大人物小人物，虽然嗜烟也同样寿比南山啊。又说，你戒烟了，好像总是提醒我们，你在远离死亡，而我们却在靠近死亡！和你坐在一起，我们的心也不由得沉重起来。

我猛地明白了什么。

戒烟戒到自己痛苦不堪，还让周围的人惴惴不安，这个过程且很悠长，而"死"不过是一个短暂的时刻，那又有什么必要呢？李白说"人生得意须尽欢，莫使金樽空对月"，说的是饮酒，倘若那时候有烟，他也定会"莫使'香烟'空对'火'"的。

待到病情略略恢复，我又破戒了，并告诉友人，我弄了两条好烟来，一条"云烟"，一条"红塔山"，快来聚一聚！

男人不戒烟！

# 吃 烟

贾平凹

> 我吃烟的原则是吃时不把烟分散给他人。宁肯给他人钱。钱宜散不宜聚,烟是自焚身亡的忠义之士,却不能让与的。

吃烟是只吃不屙,属艺术的食品和艺术的行为,应该为少数人享用,如皇宫寐室中的黄色被褥,警察的电棒,失眠者的安定片。现在吃烟的人却太多,所以得禁止。禁止哮喘病患者吃烟,哮喘本来痰多,吃烟咳咳嘎嘎的,坏烟的名节。禁止女人吃烟,烟性为火,女性为水,水火生来不相容的。禁止医生吃烟,烟是火之因,医是病之因,同都是因犯忌讳。禁止兔唇人吃烟,他们噙不住香烟。禁止长胡须的人吃烟,烟囱上从来不长草的。留下了吃烟的少部分人,他们就与菩萨同在,因为菩萨像前的香炉终日香烟袅袅,菩萨也是吃烟的。与黄鼠狼子同舞,黄鼠狼子在洞里,烟一熏就出来了。与龟同默,龟吃烟吃得盖壳都焦黄焦黄。还可以与驴同嚎,瞧呀,驴这老烟鬼将多么大的烟袋锅儿别在腰里。我是吃烟的,属相上为龙,云要从龙,才吃烟吞吐烟雾要做云的。我吃烟的原则是吃时不把烟分散给他人。宁肯给他人钱。钱宜散不宜聚,烟是自焚身亡的忠义之士,却不能让与的。而且我坚信一方水土养一方人,是中国人就吃中国烟,是本地人就吃本地烟,如我数年里只吃"猴王"。杭州的一个寺里有副门联,是:"是命也是运也,缓缓而行;为名乎为利乎,坐坐再去。"茫茫人生,坐下来干啥,坐下来吃烟。

# 我与香烟

苏 童

> 经常有不抽烟的朋友问，抽烟到底有什么好处？我的回答与大多数烟民是一样的，没有好处，只是改不掉的习惯罢了。

我与所有的正常人一样，幻想有一个钢铁般强壮的身体，有一套如同精密仪器般纹丝不乱的内脏系统，唯其如此才有可能活到九十以上的高龄。我有一个朋友一直以家族史的长寿而自豪，他坚信自己也是长寿的，有一次对周围的朋友说，等到我九十、一百岁了，看看你们这些朋友一个个先我而去，我的心情一定会凄凉透顶，我一定会怀念你们的！

我真的羡慕那个朋友对自己健康或者寿命的乐观态度。假如我说出这一番话，不免有点虚张声势了。我抽烟抽得很多，我的生活作息也极无规律，只要稍具健康知识的人都知道，这都是影响健康的大敌。

我有一定的健康知识。大概还是在我小时候，我就劝我父亲不要抽烟，理由就是吸烟影响健康。可是具有讽刺意味的是我在上大学期间也抽上了烟，而且抽上了再没有戒掉，一直抽到现在。经常有不抽烟的朋友问，抽烟到底有什么好处？我的回答与大多数烟民是一样的，没有好处，只是改不掉的习惯罢了。

习惯其实都是可以改的，只不过看你愿不愿意改。这我也知道，我的不改其实多半是出于畏难情绪，不愿轻易去动自己身上的半根毫毛，说起来不可思议，这竟然是对自己的一种爱惜了。我懂得健康知识,但有时候思维不免是非科学化的,自己给自己打气说:我为什么要按照健康知识来生活?我为什么为了那未知的健康舍弃这已有的快乐?

像我这样的吸烟者都陷入了一种知错不改的困境,如此便为自己寻找一些古怪的借口。有个吸烟的朋友向我转述一个吸烟的医生的话,那医生说,吸烟不可怕,只要同时喝茶,香烟里的有害物质就会过滤掉许多。这正中我下怀,因为我恰恰是又吸烟又嗜茶的。还有一个朋友的理论更加令人心跳,他举出自己的两个亲人的例子来证明戒烟的坏处,说他父亲吸了一辈子烟,没事,突然注意起健康来了,戒烟。戒了几个月,就戒出肺癌来了,死了。还有他的哥哥也是,吸烟的时候没事,戒烟又戒出一个肺癌,现在正在医院里。

我信奉科学,我有一定的健康知识。所以我对所有违背科学的理论都是持怀疑态度的,但是在吸烟问题上我始终愚昧,听到上面那两位朋友的话,明明知道是以偏概全的歪理,心里却是如释重负。可见有的人是不依据知识来生活的,有的人甚至愿意以健康为代价,对科学翻白眼。我就是这种人,我拿自己也没有办法。我的态度就是这么简单粗鲁,喜欢吸就吸,去他妈的,不管那么多。

## 文化从香烟头上冒出来

香烟是文化内涵最丰富的东西,它包括历史、社会风尚、民俗、消费变化、农业技术、工业、政治变迁、货币流通、法制、体制改革、国民素质、教育、卫生……如此广博深厚的内容。

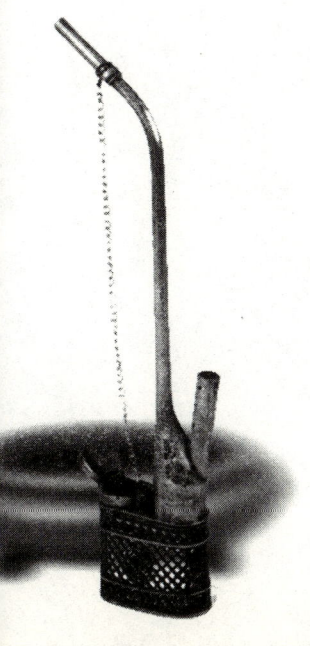

# 烟 话

周瘦鹃

> 天生小草醉婵娟，低晕春山髻半偏。
> 还倩檀郎轻约住，只愁紫玉去如烟。斗帐熏篝薄雪天，泥郎同醉伴郎眠。
> ……

近数年来，闺人竞尚吸烟。开风气之先者，厥为上海，各地效而尤之，蔓延全国。推原海上女界中吸烟之开山鼻祖，殆为曲院中人。所吸率舶来品纸烟，其径绝细，不逮纤指之半，一吐吸间，恒耗青蚨二三十翼。大家妇女争试焉，咸以此为时髦，烟必上品，盛以金盒，配以金斗，兰房粉阁间，几以吸烟为正课。在昔闺中韵事曰"焚香读书"，曰"燃脂写韵"，今则悉以吸烟代之。吾人如涉足梨园或游戏场，每见粉白黛绿者流，十之七必以纸烟实其唇樱，恣吸不已。所谓口脂香者，胥一变而为烟臭矣。尝见昔人诗词，咏女子吸烟，婉约可诵，附录一二，以资谈助。尤西堂诗云："起卷珠帘怯晓寒，侍儿吹火镜台前。朝云暮雨寻常事，又化巫山一段烟。乌丝金缕赛香荃，细口樱桃红欲燃。生小妆楼谁教得，前身合是步非烟。翦结同心花可怜，玉唇含吐亦嫣然。分明楼上吹箫女，彩凤声中引紫烟。天生小草醉婵娟，低晕春山髻半偏。还倩檀郎轻约住，只愁紫玉去如烟。斗帐熏篝薄雪天，泥郎同醉伴郎眠。殷勤寄信天台女，莫种桃花只种烟。彤管题残银管燃，香奁破碎雪涛笺。更教婢学夫人惯，伏侍云鬟有袅烟。"又何承燕撵阳台词云："吐纳樱唇，氤氲兰气，玉纤握处，堪怜。脂香粉泽，分外觉清妍，岂是阳台行雨,刚来自十二峰边。阑干外,风鬟雾鬓,犹是绕云烟,流连。怎禁得相思暗结,闲梦难捐。算消遣春愁,此最为先。怪底鸳鸯绣倦,停针坐,便尔情牵。恰喜有知心小婢,一笑递婵娟。"以上诸作,颇能描写尽致。至某氏之近日"高唐增妾梦,为云为雨复为烟"句,则失之轻薄矣。

# 烟榻说书

林斤澜

> 一手托枪，一手执监，上泡、团弄、扎眼，这时喜欢说话，虽然照常声轻音弱，但兴致是听得出来的。一口吸下，双目眯觑，摸着小泥壶啜一口浓茶，颓然落枕，到了安乐乡了！

当年吸鸦片烟还是半公开的事，禁令时紧时松。外祖父有烟瘾，据说是因病吸上的。禁令一紧就戒，一戒就病，便秘疲软，身体本来虚弱，竟至卧床不起，只好开戒，为此长叹息。

外祖父躺在烟榻上的时候，悠然自得。对着烟灯，一手托枪，一手执监，上泡、团弄、扎眼，这时喜欢说话，虽然照常声轻音弱，但兴致是听得出来的。一口吸下，双目眯觑，摸着小泥壶啜一口浓茶，颓然落枕，到了安乐乡了！

烟榻就是暗间的外祖父卧床，后窗整日拉上窗帘，当和此事有关。日久，我觉得幽暗里混和着烟香。有人或以为是烟的臭味，否，我以为是恰好的香味。

晚上，我送日记去的时候，若站着多看看，外祖父也会朝榻上一指，我就在他老人家对面，也侧身半躺。

在烟榻上是不看日记的，那要白天坐着，手执红笔方可。烟也绝对不许我吸一口，据说包治痢疾，那也不能吸。

烟榻上总要问问学校里的事，对我的功课又不多问，不知道是放心还是别有缘故。现在我疑心老人家不大重视。学校里的活动好比自治会，那是有兴趣听又不评论。倒是由这里会引到书上，此时老人家爱"说书",说的不是《古文观止》了,说《三国》,说《水浒》,也说得到《红楼》。但留在我印象里最多的是《水浒》,可能因为当时我不但读《水浒》,也在说《水浒》。

节假日我回到自己家里的时候,两个弟弟要我讲故事,三人钻在一张床上,放下帐子,我在里面大讲"智取生辰纲"、"黑旋风大闹江州"。能把两个弟弟听呆了。

外祖父烟榻上讲的《水浒》,和我讲的大不一样,叫我非常意外,这才是留下印象的缘故吧。老人家竟说"景阳岗打虎",书上没有说过武松一句好话。一路喝酒,明知喝醉了还要喝。看见有虎的告示,生心要回去的,又碍着面子朝前走。看见老虎吓得出一身冷汗,把哨棒都打到树杈上,折做两半截……我听得哑口无言,看着老人家手里的签子指指点点的,想着书上,也都有根有据。

我给弟弟们说打虎,不能够照着老人家的说,不能理会,感情上也接受不了。到五十年代学习写作,也有想起老人家这些议论的时候,也不合时宜。后来在评点家的夹缝中偶尔读到这一类意思,是不是外祖父也受了他们的启发了。再后来和前辈作家闲谈,听到这方面的进一步发挥,那又不是外祖父说得出来也想不到的事了。

# 吸烟与文化

徐志摩

> 在牛津或康桥要找一个不吸烟的学生是很费事的——先生更不用提。学会抽烟，学会沙发上古怪的坐法，学会半吞半吐的谈话——大学教育就够格儿了。

## 一

牛津是世界上名声压得倒人的一个学府。牛津的秘密是它的导师制。导师的秘密，按利卡克教授说，是"对准了他的徒弟们抽烟"。真的，在牛津或康桥①地方要找一个不吸烟的学生是很费事的——先生更不用提。学会抽烟，学会沙发上古怪的坐法，学会半吞半吐的谈话——大学教育就够格儿了。"牛津人"、"康桥人"：还不彀中吗？我如其有钱办学堂的话，利卡克说，第一件事情我要做的是造一间吸烟室，其次造宿舍，再次造图书室；真要到了有钱没地方花的时候再来造课堂。

## 二

怪不得有人就会说，原来英国学生就会吃烟，就会懒惰。臭绅士的架子！臭架子的绅士！难怪我们这年头背心上刺刺的老不舒服，

---

① 康桥，今通译剑桥，在英国东南部，这里指剑桥大学。

原来我们中间也来了几个叫土巴菰①烟臭熏出来的破绅士！

这年头说话得谨慎些。提起英国就犯嫌疑。贵族主义！帝国主义！走狗！挖个坑埋了他！

实际上事情可不这么简单。侵略、压迫，该咒是一件事，别的事情可不跟着走。至少我们得承认英国，就它本身说，是一个站得住的国家，英国人是有出息的民族。它们是有组织的生活，它们是有活气的文化。我们也得承认牛津或是康桥至少是一个十分可羡慕的学府，它们是英国文化生活的娘胎。多少伟大的政治家、学者、诗人、艺术家、科学家，是这两个学府的产儿——烟味儿给熏出来的。

## 三

利卡克的话不完全是俏皮话。"抽烟主义"是值得研究的。但吸烟室究竟是怎么一回事？烟斗里如何抽得出文化真髓来？对准了学生抽烟怎样是英国教育的秘密？利卡克先生没有描写牛津、康桥生活的真相；他只这么说，他不曾说出一个所以然来。许有人愿意听听的，我想。我也叫名在英国念过两年书，大部分的时间在康桥。但严格的说，我还是不够资格的。我当初并不是像我的朋友温源宁②先生似的出了大金镑正式去请教熏烟的：我只是个，比方说，烤小半熟的白薯，离着焦味儿透香还正远哪。但我在康桥的日子可真是享福，深怕这辈子再也得不到那样蜜甜的机会了。我不敢说康桥给了我多少学问或是教会了我什么。我不敢说受了康桥的洗礼，一个人就会变气息，脱凡胎。我敢说的只是——就我个人说，我的眼是康桥教我睁的，我的求知欲是康桥给我拨动的，我的自我的意识是康桥给我胚胎的。我在美国有整两年，在英国也算是整两年。在美国我忙的是上课，听讲，写考卷，啃橡皮糖，看电影，赌咒，在康

---

① 土巴菰，英文烟草（tobacco）一词的音译。
② 温源宁，当时任北京大学英文系主任。后于三十年代初到上海主编英文刊物《天下》。

桥我忙的是散步，划船，骑自转车，抽烟，闲谈，吃五点钟茶，牛油烤饼，看闲书。如其我到美国的时候是一个不含糊的草包，我离开自由神的时候也还是那原封没有动；但如其我在美国时候不曾通窍，我在康桥的日子至少自己明白了原先只是一肚子颟顸。这分别不能算小。

我早想谈谈康桥，对它我有的是无限的柔情。但我又怕亵渎了它似的始终不曾出口。这年头！只要"贵族教育"一个无意识的口号就可以把牛顿、达尔文、米尔顿①、拜伦、华茨华斯、阿诺尔德②，纽门③、罗刹蒂④、格兰士顿等等所从来的母校一下抹煞。再说年来交通便利了，各式各种日新月异的教育原理教育新制翩翩的从各方向的外洋飞到中华，哪还容得厨房老过四百年墙壁上爬满骚胡髭一类藤萝的老书院一起来上讲坛？

## 四

但另换一个方向看去，我们也见到少数有见地的人再也看不过国内高等教育的混沌现象，想跳开了蹂烂的道儿，回头另寻新路走去。向外望去，现成有牛津、康桥青藤缭绕的学院招着你微笑；回头望去，五老峰下飞泉声中白鹿洞一类的书院⑤瞅着你惆怅。这浪漫的思乡病跟着现代教育丑化的程度在少数人的心中一天深似一天。这机械性、买卖性的教育够腻烦了，我们说。我们也要几间满沿着爬山虎的高雪克屋子⑥来安息我们的灵性，我们说。我们也要一个绝

---

① 米尔顿，通译弥尔顿（1608—1674），英国诗人，著有《失乐园》等。
② 阿诺尔德，通译阿诺德（1822—1888），英国诗人、批评家，曾任牛津大学教授。
③ 纽门，今通译纽曼（1801—1890），英国基督教圣公会内部牛津运动领袖，后改奉天主教，成为天主教会领导人。
④ 罗刹蒂，今通译罗赛蒂（1828—1882），英国画家、诗人。
⑤ 白鹿洞书院在江西庐山五老峰东南，原是唐代李渤隐居读书的地方，至南唐时建立学馆，称庐山国学。宋太宗时改名白鹿洞书院，有生徒数千人，为当时全国四大书院之一。南宋时，朱熹曾在此掌教。旧时这一类书院，原是私人研究学术和聚徒教授的场所，后经朝廷敕额、赐田、奖书、委官，遂成半民间半官方性质的地方教育中心。
⑥ 高雪克屋子，今通译哥特式（Gothic）建筑。

对闲暇的环境好容我们的心智自由的发展去，我们说。

林玉堂①先生在《现代评论》登过一篇文章谈他的教育的理想。新近任叔永②先生与他的夫人陈衡哲③女士也发表了他们的教育的理想。林先生的意思约莫记得是想仿效牛津一类学府；陈、任两位是要恢复书院制的精神。这两篇文章我认为是很重要的，尤其是陈、任两位的具体提议，但因为开倒车走回头路分明是不合时宜，他们几位的意思并不曾得到期望的回响。想来现在的学者们太忙了，寻饭吃的、做官的、当革命领袖的，谁都不得闲，谁都不愿闲，结果当然没有人来关心什么纯粹教育（不含任何动机的学问）或是人格教育。这是个可憾的现象。

我自己也是深感这浪漫的思乡病的一个；我只要"草青人远，一流冷涧……"但我们这想望的境界有容我们达到的一天吗？

十五年一月十四日

---

① 林玉堂，即林语堂（1895-1976），作家，早年留学美国和德国，当时在北京大学、北京女子师范大学任教。

② 任叔永，即任鸿隽（1886-1961），早年参加同盟会，曾留学日本、美国，二十年代在北京大学、南京东南大学等校任教授。

③ 陈衡哲（1893-1976），作家，笔名莎菲，早年留学美国，当时在北京大学任教。

# 说抽烟

刘大杰

> 烟这种东西，在实际生活上看来，是一种奢侈品，一种无用的东西。但在精神的生活上，却是一种必需品，一种有用的东西。

听说牛津大学最高班的学生，是不大到教室里去上课的，时常坐在教授家里的沙发椅上，抽香烟，喝咖啡，随便地谈着闲话。他们就在那一缕一缕的烟圈里，学得了最高的哲学文学及其他种种的学问。所以有人说，这是"烟的文化"。我自己虽说没有到过牛津，在几本外国书上，看见这样的记载的时候，觉得很有些道理。中国近年来大学教育的没有成绩，原因虽是很多，我想，这种"烟的文化"的缺乏，也是一个重要的病根罢。校长教员们，都只讲一点形式。到了上课的时候，拿着皮面金字的课本，慌慌忙忙地站在台上讲几十分钟。铃子一响，教员们夹着皮包，就逃得无影无踪了。教了一年半载的书，学生们不认得教员，教员也不认得学生。这种教育的结果，是教员拿钱，学生拿证书而已。

烟这种东西，在实际生活上看来，是一种奢侈品，一种无用的东西。但在精神的生活上，却是一种必需品，一种有用的东西。一个人失了恋，或是陷入极大的苦痛的时候，总是想抽烟，想一支两支不断地抽下去。在时时不断的烟影里，好像另外有一个世人所看不到的世界，好像自己所有的苦痛、悲伤、眼泪、绝望和幻灭的情感，都在这烟影里溶化了似的，它能给我们一种片时的安慰。至于讲到烟与文化的关系，那是更大了。试问在近代的中外作家里，有哪一篇好小说，有哪一首好诗，不是从烟圈里做出来的。诚然，也有些作家，不抽烟也可以做出好文章来，好像我们的光旦老哥，他的文章，就从没有借助过烟的刺激，但这却是少数中的少数。在我个人的经验中，好像没有烟，就写不出一个字来，就是不抽，也得燃一支烟卷，搁在烟盘上，让它一缕一缕的烟影，自由地轻缓地在空中转动。似乎要这样，才可以引起滔滔不绝的文思。

在中国古代的诗人词客里，很少有描写抽烟的句子，不知道当时他们抽烟不？大概他们那时拿来刺激文思的东西，最要紧的是酒与美人，所以在中国前人的作品里，酒与美人，是与花月两字同样重用的。到了近代，烟风比酒风更盛了。在我们中国，一年烟的耗费的数目，远在教育费以上的事，这是大家都知道的罢。好比我自己，一个小家庭，也有四五个人吃饭，一个月只吃得六七块钱的米，一个月的烟钱，至少得十元。若是多写点文章，朋友们来打几次牌，总在十元以上。并且我还是抽的五华牌、美丽牌那样的普通烟，虽说有时也买一两盒白锡包，那种机会却不常有。平均下来，我一年的烟费，在我们这种阶级的收入上，倒是一笔巨款了。

这半年来，我也常有戒烟的心思，但总是没有效。抽多了，第二天早晨起来，自己也曾感到口渴唇干的苦楚，两只指头，也熏得乌黑了。心里想，何不少抽两支？结果是不行，反而一天天地抽多了。近来世风日变，绝食的事，也渐渐地多起来了。甘地绝食，牛兰绝食，工厂里的女工也绝食。据报上的记载，他们绝食五六天，还没有饿死。所以我时常想，没有饭吃，饿三五天，还受得住，没有烟抽，一两点钟，就会枯死的罢。

前年好像是在《新月》上，读到丁西林先生一篇题名为《北京的空气》的剧本，我感到浓厚的兴味。在那个独幕剧里，描写一个住在北京的男主人，正同一个从上海来的朋友，坐在书房里愉快地谈话。到了深夜，忽然发现烟罐里没有烟了，于是乎着了急。屋子里找遍了，仍是没有，到街上去买，小店都关了门。没有法，最后男主人是悄悄地走到仆人的房里去,把仆人的一点残烟,都偷来抽光了。我想,丁先生这个剧本,在不抽烟的人看起来,会感到索然无味的,然而我们读了,都特别能体会作者的心情。我劝爱抽烟的朋友们,去读读《北京的空气》。

# 文化从香烟头上冒出来

叶延滨

> 但我们因此可以得出这样一个结论吗？——在当今中国热爱香烟的瘾君子是最有文化的人。

尽管人们称我为作家，但我从来不敢把这称号当真。如果过去的不敢当真，还是谦虚的成分，那么今天却是因为惶惑——且不说是作家，我还算有文化的人么？

这种念头是由我的编辑职业引出的。最近读到一些声称是表现文化心理的作品：洞穴陶罐、老庙古钟、图腾旌幡、佛法巫术、阴阳八卦、禅宗偈语……而且这些作品大多手持一种主义或者一种宣言，在这些宣言背后大多有一句潜台词："你不喜欢吗？只能证明你没有文化。"

很不客气地说，我不喜欢这类作品中的大多数。于是我势必把自己置于"多数派"的诘问之中。有什么办法呢？似乎出现了这样一个场景，一位先生拿来一片朽木，说这是西汉墓里的棺木残片，是秦汉文化的见证，要我供在客厅里。我婉言谢绝，我表示我很尊重这朽木片儿里的文化，然而它不令我愉快，我喜欢在客厅里摆些民间工艺品，那些东西使我赏心悦目。这位先生悻悻离去，对我蔑视文化表示遗憾。

我点燃一支烟，思考由此产生的问题："一件东西的文化内涵与这件东西的艺术审美价值是等值的吗？"久思不得其解，忽然，手指上夹的香烟悠悠冒出的烟圈儿让我茅塞顿开。

香烟也是一种内涵深厚的文化，包括着物质的精神的历史的文明。

　　首先中华民族吸食烟草有久远的历史，形态又有吸旱烟、嚼烟草、水烟袋、鼻烟壶、香烟卷、过滤嘴的变迁。烟草种植业不仅是农业技术的新发展，而且它一开始就具有商品生产的因素。烟草工业的发展是帝国主义经济侵略的产物，同时又是中国民族资本主义最初经营的项目。香烟装潢不仅反映了中国实用工艺美术的发展史，而且仅以香烟的名字可以看出社会政治文化生活的变迁，如"强盗牌"、"中华牌"、"工农兵"、"芒果"、"阿诗玛"、"延安"……再深入考察这支香烟的超额利润在当今国民经济中的回笼货币有巨大作用。黑市香烟市场和官民勾结的倒卖烟案，涉及到犯罪心理和国家政治经济体制改革的重大问题。青少年吸烟给教育家提出了课题。烟草的经济力量和它对国民健康的危害给医学界增加了忧虑……

　　因此，可以断言：香烟是文化内涵最丰富的东西，它包括历史、社会风尚、民俗、消费变化、农业技术、工业、政治变迁、货币流通、法制、体制改革、国民素质、教育、卫生……如此广博深厚的内容。

　　但我们因此可以得出这样一个结论吗？——在当今中国热爱香烟的瘾君子是最有文化的人。烟瘾越大文化自然越高。

　　显而易见，一件东西所具有的文化内涵与它所具有的审美意义不一定是等值的。说得不客气一点，在自己作品中堆满了古董，只能表示作者的雅兴癖好，而无法说明作品的艺术性。

　　我案头的一包香烟都快抽完了，我这篇谈香烟文化的短文也该结束了。现在文学界的朋友，对这类作品有个戏谑的说法："打文化饱嗝。"我认为十分中肯。狼吞虎咽一堆文化，消化不良，打出的饱嗝，那味儿自然不佳。

　　帮助消化的办法是到现实中走走。因为对于一个作者来说，对我们深远的文化源流不在于知道了多少，而在于他为这个源流增加了什么；对于他的读者他不需表明他拥有多么深厚的文化修养，而在于他为读者提供了多少艺术欣赏的对象。

写到这里,我的妻子走到我的身边,她嫌屋里的烟雾弥漫,推开窗子,把我指头间香烟上冒出的文化让风吹散了……
　　窗外,阳光真美!

## 只好抽烟

人有时真叫想不开,明明知道抽烟有害健康,还是一支又一支地抽着。喜悦,快活,忧愁,哀伤,寂寞,热闹,饥饿,饱食,无一不能成为抽烟的动机和理由。

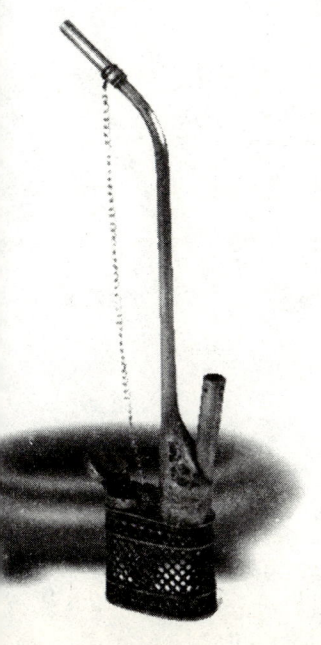

# 吸烟闲话

钱歌川

> 有时你想起了家计的艰难,或情人的远别,或有什么放不下的心事,很是纳闷,郁郁不欢。如果举酒浇愁那只有更愁的,惟一的办法,仍是吸烟。

民国十六年的秋天,我由长沙到汉口,在许多革命青年之中,遇见了一个从前在海外的老同学。我们一别多年,在回国后第一次见面的时候,免不了要互相问问别来的情况,我想起他在学生时代对我说的志愿:

"将来回国干事情,总得有四百块钱一月才行。"

又知道他现在正荣任某院的秘书,料他一定如愿以偿,正得意的时候,所以便大胆地问他:

"你回国以后的成绩还不错吧?"

出乎我意料之外的,他没有用笑容回答我,而只是蹙着眉头,把他的两手伸展在我面前,缓缓地说:

"成绩吗?成绩就在这里!"

我一看,他手指上并没有订婚的戒指,也没有墨水的污迹,知道他生平一个顶大的问题既还没有解决,所学的专业也未得到施展。他并不如我所料想的那般得意。他的成绩仍是两手空空。我眼睛虽然盯在他的双手上,实则熟视无睹,因为我心里正在找言语去安慰他。

"你看呀,这副黄皮手套!"他见我老是不说话,忍不住再这样提醒我，接着用鼻孔笑了两声。这时我才注意到他的两手，尤其是两个食指和中指，全被烟熏得黄而且黑了。

"你这样一世也别想讨到老婆！"我看见他这样糟蹋自己，不免替他着急。

"女人难道是要我的白手吗？她们只要我有钱呀！"他还满不在乎地抗辩。

"你有钱只能买到无知识的女子，你要想和你中意的女学生结婚，自然漂亮也是必需的条件。你这样龌龊的手，她们远远地看了就怕，怎样能够走近来和你把握呢？所以你简直没有和她接近的可能。你不看见那些漂亮的青年，他们的手拿出来白而且嫩，指甲上要涂蔻丹，以便在阳光中或电灯下炫耀得使女子注意。我并不赞成这种公子哥儿的办法，只是说说使你知道相形见绌罢了。"

"老实说，一个男子在结婚以前是不应该吸烟的。不仅弄脏手，而且弄臭口。"

他终至被我说服了。相约不再吸烟而别。

那时我虽然结了婚，但不吸烟。因为自己不吸烟，所以希望别人也不吸烟。常常要对别人宣传吸烟的害处和消耗的巨大。现在我的香烟竟吸上瘾了，想起从前的事，和那些因我而戒了烟的朋友，真是觉得惭愧。作这篇东西，为自己解嘲。

我和倪可婷女士（Lady Nicotine）结了不解之缘的，是在孤旅迢迢，怀人最切的时候。那时我的女人独自在上海，女儿远在长沙，夫妻儿女不过三人，竟分散在三处，而且我在外国。一时因为事情未了，不能回来，而我的女人无端地写信和我闹起来。我气得三天没吃饭，什么都不高兴，这时倪可婷女士竟含笑地出现在我的面前，她热烈地吻我，轻盈地抚我，用她那不可捉摸的爱雾（atmosphere of love）笼罩住我，登时使我沉醉了。我忘记了一切人间的苦闷，忘记了环境的孤寂，我完全坠入美的幻境中了。

从那以后，我便一刻也离不了她。

我们虽然互相爱恋，但不涉及秽亵，所以我纵然从早到晚都和她在一块儿，可是就寝以后，就决不再相闻问。直到第二天早上起来，才又和久别的亲人一般，相视而笑，相抱而吻。

近年来我终日以卖文为活，没有她我便写不出文章来。坐在透明的玻璃窗下，案上堆满了破书，刚刚留得座位前的一个两尺见方的隙地，把原稿纸展开在那上面，自来水笔里也装满了墨水，左手支着头，右手握着笔，只待把那一行行空白的格子填满。但每每笔悬在手。迟迟不能下。思想老是停滞而不能运行。壁上的时钟，滴滴答答地响着，屋外的汽车狼嗥虎啸地走过，时间一刻不停地一点两点地过去，而我的脑子却仍旧凝固着。写呀，写呀！我的理智老是这样催促我。真的，像这样下去，我不是完了吗？我是靠这支秃笔吃饭的人，怎么能让我的笔生锈呢？

忽然倪可婷女士的洁素的丰姿现出在我的眼前，顿时我发现光明了。我从景泰蓝的烟盒里拈起一支来，点燃着吸了两口，吐出一缕青烟，在案头绕缭不散。等到再吸第二口时，我的文思一动，茅塞顿开，灵感随之以生，于是走笔成文，只听见笔头擦着纸的声音，其他的一切都沉默了。

一个文人足不出门，至多只能看见室中一些家具，案上几卷图书和壁上几幅字画，物象所能供给他的材料，实在太有限了。单就他眼前的一事一物，虽未尝不能写出文章，不过总有时而穷。要在文字之宇宙中，效鹏程九万里，就非得借助于想象不可。想象之发生，每在云烟过眼，天际黄昏的时候。但这是自然的情景，如果想以人为的方法做成这样的环境的话，那只有吸烟。试看一口青烟喷出，眼前万物皆迷，便早已看不见壁上的画，案头的书，而只见那朦胧之中，显现着一些生龙活虎。你在那里面可以看见一切你眼前所看不见的东西。你可以看见情人的面影，你可以看见海上的蜃楼。回忆之花，可以在青烟中开放，一朵，两朵，三朵，以至于无穷。在这当儿，你的想象力正像那青烟本身一样，头头是道，无孔不入。其灵快每嫌你走笔的迟钝，你写到这里，它又展开到那里去了。

吸烟不仅可以发生文思，同时又可以去腻消愁。你在吃过了那浓厚的荤味以后，不惟满嘴被油封着难过，而肚内过饱，摸胸运腹也无法解消的时候，只有吸一支烟便一切舒畅了。有时你想起了家计的艰难，或情人的远别，或有什么放不下的心事，很是纳闷，郁郁不欢。如果举酒浇愁那只有更愁的，惟一的办法，仍是吸烟。

吸烟的艺术，不在如何吸进去，而在如何喷出来。善于吸烟的人，可以随心所欲地喷出许多形象。在他那种意造之中，自然包含着一个神秘的世界，那是不吸烟的人，怎么也想象不到的。

我最爱在电灯前面吸烟，因为一口青烟喷出在电灯之前，格外显得活泼。你可以看出她那游龙似的活动的情形。从她的产生以至于消灭，其间所经过的变化，合而复分，分而复合，来如春梦，去似浮云，有时像圣灵升天，有时像狡兔脱网，初来是黄沙蔽天，最后则云散日出。

我有时不去吸她，只把她静静地放在烟灰盘里，再躺下在她旁边，从电灯光中去窥看她的娇态。那时，第一使我想起的，是西施在苎萝山下浣纱时的情景。一缕一缕的青纱，在清水中随着绿波飘荡起伏。那时盘中烟卷，就像西施的荑手，有时她将手一带，青纱便跟着一伸，有时任其自然，青纱便随波曲折。

在长长的旅途中，譬如说由上海到北平吧，火车要坐上两天多，单调的轮声和不住的震动，使你只感到厌烦和心躁。当手头一张报纸什么角落里都看过了的时候，你简直再没有办法打开这个万无聊赖的僵局。这时如果你身边有一听香烟，那局面就完全变了。在那一吸一吐之间，时间特别容易消逝；而且她可以使你那斗室大的车厢，顿时化为无限大的世界。

有许多人的友谊，常常是从一支烟开始的。尤其是在一个人旅行的时候，只想从周围的同车或同船的旅客中，找出一个可以交谈的人来，但是每找不到一个接近的机会，如果有一支烟为媒介，那事情就好办了。也许谈得合了胃口，两人便从此订交，而成为终身的契友。即在居常，有客来谈，遇到相对辞穷的时候，惟一的救兵，也就是一支烟。

老年人拼命地修胡须，只想装少年，同样少年也想装老，以免旅社菜馆里的茶房无故的轻视，他们装老的办法，就是打开他们烟盒取出一支烟卷来吸。由这样的动机而吸烟的最大的毛病，就是一定要吸贵价钱的烟，虽然他们并不知道烟味。许多虚荣心很重的人，都不肯从味道去辨别烟的好歹，而一定要看牌子去决定他的取舍。他也许要常说他非某种烟不能吸，好烟吸到口里味道如何不同呢，但恶作剧的人蒙住他的眼睛一试，他常要把那最坏的烟认为最好的。我个人对于烟的吸法，就决不拘于这种形式，我只注重喷出来的烟的颜色和气味，不问是雪茄是烟卷，只要能喷出烟来的，无一不吸，吸而无一不甘。所以我随时随地可以得到我的烟，而每吸都能达到我的目的。她一直安慰了我的寂寞，驱走了我的疲劳，推动了我的思想，促成了我的文章。但是我拿出我的双手来，上面决没有一点棕黄色的污迹，谁也看不出来我是一个吸烟的人。

# 烟酒与朋友

钱歌川

> 至于那些话不投机的客人,甚至一支烟都是多余的,只消站在门口说两句话,就可以了事呢。

凡以利相结合而不讲道义的人,我们就称他为酒肉朋友,其实肉食者鄙,犹有可说,酒是不应该蒙此污名的。烟尤甚于酒,不仅不会使朋友分手,反而可以交结朋友。许多人的友谊,是由一支烟开始的。就是我们平常有客人来时,接待后第一件事,不外乎敬一支烟。哪怕是不抽烟的人,家里也要备一包烟敬客,因为有客光临,生辉篷壁,一支烟和一杯茶是表示起码的敬意,否则便难免不怠慢客人了。

烟比茶来得方便,所以客来先敬一支烟,然后泡茶。遇到不抽烟的朋友,只好让他坐一阵子冷板凳,待我把茶泡好端出去,才能接待他座谈的。如果是稀客,话投了机,自然不会很快离去,到了吃饭的时候,酒是免不了的。酒逢知己千杯少,话不投机半句多,能够坐下来喝酒的朋友不把瓶中物喝光,是不肯罢休的。至于那些话不投机的客人,甚至一支烟都是多余的,只消站在门口说两句话,就可以了事呢。

有些人每天都要喝一顿酒,独饮独酌,自得其乐,但我却无此习惯。我虽则也颇好酒,家里经常备有酒,然不常喝。我一定要有客留饮才陪他喝酒的。我备得有各种各样的名酒,视客人的爱好而分别招待,爱喝甜酒的吃乌梅,缅怀大陆的喝绍兴,无所谓的用清酒,至于金门高粱则只能给善饮者喝,洋酒如威士忌或白兰地,便非上宾不轻易开瓶，因为我们文人，毕竟是寒士，家有一两瓶名贵的洋酒，都是阔朋友送的，自己决买不起。王平陵先生家住台北县景美镇，有次写信来邀我去玩，说备有洋酒洋烟招待，那时我住在台南，接信后为之怦然心动，恨不得马上搭乘直升飞机就前往赴约，后来算一下来往的车费，和耗费的时日，也就只好函谢，表示心领，自叹口福太薄。我知道文人不是常有那些珍品的，所以他特地远道相邀，以求与朋友共赏，而增加那些烟酒的味道呢。

家有好酒，确实可以待客，因为那引诱力是很大的。古之饮者都有家酿的酒，每到酒熟时，必要邀请朋友来喝。大家都知道的是白乐天问刘十九的那首千古名唱。"绿蚁新醅酒，红泥小火炉。晚来天欲雪，能饮一杯无？"酒已经新醅好了，又有温酒的小火炉，天寒欲雪，独酌无味，所以要去邀个朋友来共醉，正是雅人深致。平陵先生的远道简邀，大约也不外是这种意思。

眼下在台湾实行公卖制度，私人不得酿酒，对那些诗人雅士未免有伤佳趣。我有次从上海乘飞机来台，一切行李都交船运，手里只提了四瓶美酒。有次还从上海运来一大坛原封的绍兴酒，恰好漫画家丰先生来台开个展，那一大坛酒一天就喝光了。据说是开坛之后便留不得，留了要变味的，所以不得不喝光，好在谁也没有醉。

这都是些可资回忆的往事。好酒难得，好友同欢。最近有位好友，贻我两瓶佳酿，我就邀了两个朋友来家，痛快地消磨了一个晚上。

酒在交际场中占着首要的位置，比方我们请客，分明是主要请人吃菜，但请贴上决不说菜，而只说酒，即所谓"敬备菲酌，恭候光临"，从未闻有人写敬备菲菜的。可见酒已成为代表性的饮食物了。

日本人考证说我们人类饮酒是从猴子学来的。因为猴子采取了各种水果搬回猴洞贮藏，久而发酵，酿制成酒。所以猴子不仅是造酒的鼻祖，而且至今还是很会喝酒的。达尔文认为人是猴子变的，至少在喝酒一点上是有共通嗜好的。猴子是群居的，遥想当年它们聚众喝酒的盛况，一定是不弱于《史记·殷本纪》所载："以酒为池，悬肉为林，使男女裸体相逐其间，为长夜之饮。"这种原始式露天大舞会，确是要具社交性的。

烟草在社交场中，也占着重要的地位。欧洲人吸烟是由英国拉利爵士，从美洲土著印第安人那里学去的。人类学者研究的结果，说美洲的印第安人是从中国去的，若是，则吸烟的习惯，我们是最早有的了。当黄帝征伐蚩尤的时候，天时不利，瘴疠载途，士卒颇多死亡，黄帝便下令要官兵去采集"南山之草"，烘干后点燃去吸，大家精神焕发，士气大振，卒把蚩尤打败。所谓"南山之草"，就是我们今天的烟草。由此可证，吃烟的始祖是我们中国人，而且烟草是为大家吸用而开始采集的。

我们吸了几千年的烟草，并没有患什么癌症，所以有人说，如果吸烟会患癌症的话，应该是由卷烟的纸而来的。说到卷烟，倒确是西洋人的发明。用纸把烟卷好，便于吸用。现在愈制愈精，装潢别致，有用金头的，有用软木头的，有用色纸包的。我还记得友人熊式一兄，在伦敦因上演《王宝钏》一剧，发了一点洋财，所以对于一切物事都考究起来。遇到男女客人去访问他的时候，他取出烟盒来，便有各种不同的烟，敬给各种不同的客。对烟瘾大的敬较凶的烟，对普通客人敬温和的烟，对太太小姐敬有彩色纸包卷的漂亮的烟。以烟来交际，这可说是发挥尽致了。

至于我们穷人，虽不能做到这个地步，然同样可以拿烟来交结朋友，而且并用不着要买"双喜"，普通"新乐园"也就行了。这是我积四十年的经验，研究出来的，现在索性传给你吧。那就是你最好买一个金碧辉煌的漂亮烟盒子，先在家里把"新乐园"打开来装进去，以后便用烟盒敬烟，别人看到你的烟盒漂亮，就联想到里面装的定是好烟，不暇细看，抽起来味道果然不错呢。

# 戒 烟 ——十年拾零

叶至诚

> 有时候看着手臂，大腿和小腿上那微黑发亮的肤色，粗壮结实的肌肉，自己也感到惊讶，颇有点儿傲然自得；这一来又加上喉头清爽，无咳无痰，呼吸顺畅，不闷不喘，我简直觉得已经在脱胎换骨了。

我戒过一回烟。戒得挺干脆，挺坚决。

那时候我心情愉快，身体健康，根本不上卫生所。没有医生对我说过："如果你还想活几年，可不能再抽烟了！"再说，生活费已经有所增加，尽管不很宽裕，每天花两毛六分钱买一包"阿尔巴尼亚"还并不困难，甚至还可以备一包"大前门"在家里，请一请偶尔上门的抽烟朋友，自己也陪着抽上一两支。我的戒烟既不是为了活命，也不是为了节约，只是出于一个信念：我想既然自己各方面都在进行改造，而且事实证明，各方面都是可以改造的，难道这点儿嗜好、这点儿恶习就改造不了了吗？这么一想，信心也就来了，说不抽就不抽，我把剩下的大半包"阿尔巴尼亚"随手送了人，第二天没有再买，也没有把省下的两毛六分钱买糖果或者别的零食来做烟瘾发作时候的代用品。

开头几天，常常有《醉打山门》那出戏里鲁智深说的"嘴里淡出鸟来"那种感觉，我用起意当时的信念作为武器，挺了过来。每取得一次胜利给我带来一阵喜悦，也增添了我的一分信心。渐渐地我对烟开始感到厌恶，闻着常用的毛巾上一股子残留的烟味也觉得有点儿骚臭。我暗自想：这也证明了"干什么都得带着感情"的说法确有道理。十天，二十天，一个月，两个月，我照样劳动，照样学习，并不感到生活里缺少了什么。再说得具体一点，那一段时间原是我成年以后最悠闲最轻松的日子，心里一无冀求，每晚呼呼一觉；有时候看着手臂，大腿和小腿上那微黑发亮的肤色，粗壮结实的肌肉，自己也感到惊讶，颇有点儿傲然自得；这一来又加上喉头清爽，无咳无痰，呼吸顺畅，不闷不喘，我简直觉得已经在脱胎换骨了。

过了一些时候，我得到通知让我参加一个剧组去搞创作。"不再执笔"也是我进行改造的内容之一，实行了六七年了。乍得到通知不免吃惊，接着就想，这是对我的信任，对我的鼓励，对我的考验，对我的鞭策，于是欣欣然报到。经过体验生活，集体讨论，领导点头那一套必要的手续，才开始写第一稿，我完全没有想到，公推出来的执笔人竟会是我，居然是我。

卓别林《大独裁者》里有这样一个场面：一群犹太人在一起，推举谁去刺杀那个想要灭绝犹太人种的大独裁者。推举的方法类似抓阄，各人面前放一块点心，谁的点心里有一枚硬币，就该谁去执行共同决议的拯救民族的任务。卓别林扮演的理发师在自己那块点心里发现了硬币；他当然爱自己的民族，却缺少杀人的勇气，只好不声不响地把那枚硬币吞进了肚里……我不像犹太理发师那样胆怯，我明白自己的责任，尽管这任务没有拯救民族那样伟大，却也包含了与之相仿的意义。我于是把这一次执笔当作我文字生涯的新的起点。

当天晚上，妻先睡了，我独自坐在灯下。桌上整齐简单。左边一盏台灯，右边薄薄一叠书，对面一只座钟，面前厚厚一叠稿纸，没有从前写作时候必有的火柴、烟灰缸之类。

出乎意外，一上手我就卡住了。事先我并不是没有估计到"拳不离手，曲不离口"，多年不写，笔头决不可能流畅；何况又是个新的起点，跟以往炮制挨批的材料有本质的区别，难度肯定是非常大的。可是我怎么会想得到，自己竟连四句"幕前唱"也编不起来了呢？最初是找不到韵脚：用"基欺"或者"倭可"韵吧，跟剧情吻合的词儿比较容易找些，只是唱起来不够响亮，唱得不得劲儿像哭啼啼似的，没有一点儿时代气息和革命精神；用"堂皇"或"萧豪"韵吧，唱起来倒响亮。偏偏又想不出能跟两句下句押韵的合适的句子来。我写下十多个这两个韵部的词儿和单字，用淘汰法进行筛选，哪一个想不出句子来就打上一个问号，最后弄得满纸的问号一齐对着我发愣，仿佛在看我这个傻瓜突然给推上了舞台。我只好靠祖宗传下来的早已老朽了的办法来救命，改用字眼最多的"金清"韵。老先生们唱幕表戏的时候，称这个韵脚叫"救命金清"，大凡有了意思总能找到能押上韵的字眼。可是接着我又发现当今的专用名词和形容词都特别长，竟有十二三个字连成一串的，不写进唱句里去吧，不但旗帜不太鲜明，连感情和忠诚也成了问题；写进去吧，可怜我们这个剧种历来只有"七字句"和"十字句"两种格式……忽然我心里一亮："幕前唱"毕竟是枝节，实在处理不了，暂时挂起来也可以，我得排除干扰，把整个一条路子仔细想想停当，于是振作精神，面对着座钟……

座钟上两支针走得比平时快了许多，稍不留神，长针从上面落到了下面，又从下面转到了上面，短针又跳过了一个字。"滴答，滴答"，"滴答，滴答"，妻在床上轻微均匀地打鼾，一片夜的声音。前不久，妻重新登台，她说："走上舞台，脚里就好像踩在棉花上一样。"她十三岁上就开始演戏了。这感受我能领会，在一场大病之后，我第一次下床，两只脚也像踩在棉花上一样。不过，她毕竟有编好的唱词和说白，规定的身段和手势，甚至从这里到那里走几步路，都有唱本可以对照。有个秀才娘子问秀才说："你做文章怎么比我生孩子还难？"秀才说："你肚子里有，我肚子里没有。""没有"——上一年，我们的团长在"思想汇报"里只写了一句话，"今天我没有思想"，居然自己拿来贴在走廊上的思想汇报栏里。我差一点笑出来，妻还在打鼾哩，我没笑出声就忍住了。我说"没

# 抽　烟

韩少功

> 为了表现出向贫下中农学习的政治姿态，知青们便争相向尼古丁和烟焦油靠拢。这正像美国六十年代的反叛青年以吸大麻为时尚，因为大麻来自下层民间。

小雁和很多女同学都抽过烟。当时抽烟几乎是一种成人仪式。男知青人人都抽，女知青不甘人后，偶尔也硬着头皮呛上几口，呛出脸上痛苦不堪的成熟。知青们其实没有钱买烟，连便宜到八分钱一包的经济牌香烟都买不起了，就找农民讨一些旱烟叶，缠成卷，塞在床脚下，压得足够紧密以后再来细细切丝。切出蓬松细软的烟丝是要一点技术的，用废纸卷出紧凑细长的土烟卷也是要有一点技术的。

有了空中这种尖刻刺鼻的气味，男人就有了吞云吐雾的张扬，有了区别于女人和孩子的特征，也多了男人之间的话题和忙碌：借烟、还烟、品烟、评烟、做烟等等，闲时不做这些又能做些什么？太平墟一个青年农民去相亲，女子看来看去没有什么不好，只是对地上没有烟头大为不满："不抽烟也不喝酒，活一世只吃几粒米，不像个麻雀子吗？"

这位女子居然把亲事给拒绝了。

抽烟在其他处境下，当然也还会有其他的涵义。比如当时农民大多是抽烟的，为了表现出向贫下中农学习的政治姿态，知青们便争相向尼古丁和烟焦油靠拢。这正像美国六十年代的反叛青年以吸大麻为时尚，因为大麻来自下层民间，因为贫穷流浪者那里更多瘾君子，中产阶级的少男少女们便据此求得阶级身份的转换，宣示自己对主流社会的绝不妥协。在这些情况下，中国吸旱烟和美国抽大麻都与生理需求无关，只是一种光荣地成为穷人的精神加冕。

# 只好抽烟

陈 村

> 一个叫莫里斯的英国人更进一步说，抽烟这一行为是由吃奶演变而来。不过乳汁换成烟流，乳头换作烟嘴罢了。

人有时真叫想不开，明明知道抽烟有害健康，还是一支又一支地抽着。喜悦，快活，忧愁，哀伤，寂寞，热闹，饥饿，饱食，无一不能成为抽烟的动机和理由。反对抽烟的知识越来越普及了，烟民倒越来越多，真有点不可思议。

本人也是个烟民，对各种与吸烟有关的资料十分关心。什么肺气肿，肺癌，火灾，知道得一清二楚。还知道与抽烟有关的俏皮话。比如："戒烟最容易了，我已经戒了一千次了。"我虽没戒过一千次，也认认真真地试过十来回，其结果是明白这辈子就别打算戒了。

出路还是有的，就是禁烟。假如从此不种烟草，关闭香烟厂，不许进口卷烟，我想我等烟民是决不会去自种自吸的，也不会去贩私烟，更不会为了抽几支烟而出国定居。可见，香烟毕竟不是毒品，它的危害是缓慢的，有可能幸免的，因此没人会去禁它。何况还有几百亿的利税，对国民经济不无小补，烟厂都关了门，便有别的麻烦。有利可图的事业总是难以禁绝的，再说又成了亿万人的习惯。习惯就是势力。

对烟民来说，饭可不吃，烟不可不抽。明知有害，照抽不误。用不着科学研究，一眼就能看出，抽烟必定是有快感的，人也必定是有其软弱的。

　　生活在现代的人，仍没有获得足够的安全感。天灾人祸，防不胜防。癌不仅仅生在肺部；汽车也许就撞了过来；天上掉下一块砖头；大地地震；大火；大水；战争；迫害；触电；坠落；谋杀；误伤；事故……现代人有了现代的物质，于是增加了许多现代的危险。好端端地坐着飞机，眼一眨就从天上掉了下来。好端端地走着路，一刹那就横了下来。就是在家里呆着，有报道说"球状闪电"破墙而入，叫人立即毙命。和这种种不幸相比，香烟实在可爱得像个天使。它那么忠实，手一招就来了，点上火就燃了。用温暖的熟悉的烟流抚过我们的身体深处，使我们因为这熟悉和温暖而觉得安全，得以镇定。它使我们有所寄托，能像想念最好的朋友一样有所牵挂，心中不至于空荡荡的。问一下戒过烟的人就明白，戒烟的日子和失恋的日子其实是一种感觉。一个叫莫里斯的英国人更进一步说，抽烟这一行为是由吃奶演变而来。不过乳汁换成烟流，乳头换作烟嘴罢了。人们怀念婴儿期的舒适与安全。

　　世界充满了意外。人们对生命价值的疑惑，不免影响到对香烟的取舍。人们不容易看清将来，于是不愿用今天的克制来换莫须有的那份来世。对烟民来说，有烟可抽的生活更有质量。何况，在快感饥渴的今天，任何对现成快感的舍弃都是难以想象的，会在心理上引起震荡。今天的与明天的，切实的与可能的，人们选取什么？抽烟至今不构成思想品质问题，法律问题，道德问题，责任能力问题，智商问题，就业问题，家庭问题，遗传问题，而是一种小小的普遍的对经典生活态度的善意的冒犯。在这种情况下，自觉的戒烟运动没有效果是可想而知的。

　　我无意将抽烟说成是一项伟大的爱国运动，或者是全民的健康的需求。不抽烟的人至少在目前还是多数。能够戒烟，从此呼吸新鲜的空气，无疑是一项值得尊敬的举动。我只是说，一种普遍化的民众行为之后，必然隐藏着深刻的心理动机。因此，仅仅在烟标上

# 吸烟肇祸的一斑

郑逸梅

> 少妇知而嫣然一笑，向曼殊道歉，曼殊也报以一笑。既散座，曼殊反责懋辛的煞风景，谓："为了绝世美人，损及一衣，算得什么，何必大惊小怪！"

记得我在童年时，市上盛行品海牌卷烟，不多时，有一种卷烟的包纸上，绘一虬髯持刀的地中海盗魁，大家叫它强盗牌，大有取品海而代之之概。此后烟种很多，几如雨后春笋，且内附各式小画片，有帆船兵舰，有飞禽走兽，有花草虫鱼，有美人英雄，有谚语故事，以及三百六十行等等，我当时很喜欢这些玩意儿，搜罗了一大套，视同瑰宝。时隔数十年，现在散失净尽，一无所存了。

卷烟也有些小掌故。香山苏曼殊在上海，有一天，和但懋辛同往某戏院观戏。曼殊的邻座为一少妇，仪态妩媚，纤指挟既燃的卷烟而目注台上，稍一疏忽，火烬及曼殊的新西装。但懋辛嗅及焦灼气息，回头觉察到了，急呼曼殊，曼殊置之不理。少妇知而嫣然一笑，向曼殊道歉，曼殊也报以一笑。既散座，曼殊反责懋辛的煞风景，谓："为了绝世美人，损及一衣，算得什么，何必大惊小怪！"

画家徐悲鸿不吸卷烟。原来他从小很贫困，有一次赴戚家喜宴，衣衫不整，似乎有失观瞻，也损及戚家体面。他的母亲拼拼凑凑，好不容易为他制一绸质长衫，临去的时候，母亲再三叮嘱他，好好

# 戒烟的故事

公 刘

> 单靠规劝和说服，是不会有多大效用的。马克·吐温有言："戒烟不难，我都戒了一千次了。"讽刺的正是这个。
>
> 那么，共和国果真要变作"烟王国"了么？

我是一个坚决的禁烟主义者。这并非为了保卫一己的生命（个人能活多久？），更主要的是出于对民族整体生命的忧虑。正是从这一点出发，我在《杂文》创刊号上，写了一篇文章，题名《呼唤林则徐》。真的，我衷心期待出现一位新的林则徐，重振虎门炮台决一死战的雄风，像当年查禁鸦片一样严禁香烟。然而，看上去前景黯淡，"没戏"。

说来也巧，我们的最高决策人，大抵都是些超级烟民，不可能要求他们从情感上投入这个"禁"字，这的确令人遗憾。但，个人嗜好终归事小，更有不可掉以轻心者，那就是国家的财政收入问题。以一九九二年的数据为证，有五大行业纳税超百亿，其中卷烟业约230亿，商业零售业约180亿，商业批发业约130亿，钢铁业约124亿，金融保险业约100亿元。其中以卷烟业高居榜首，支撑着整个工商税收的百分之十。百分之十！谁敢不掂一掂它的分量！听说，两会代表名单上，卷烟企业大户，都有一席之地；"小白杆儿"其实不小，思过半矣。

如此这般，依靠强制性的立法手段，在全国范围内实行禁烟的举措，短期内肯定出台无望，只好退而求其次，可否在舆论方面，加强主动戒烟的倡导呢？可是，前方又有一只拦路虎：上了瘾，戒也难。何况，在这只老虎面前。瘾君子们显得出息的又占了大多数，他们会找出各种各样的"理由"来，替自己辩护的。这一类的趣闻轶事，我倒真知道不少。随便举两个例，足见一斑。有一位作家，烟瘾很重，同时肺气肿的毛病也很重；夫人命令他：戒了！先替他张罗了一根烟卷儿模样的白塑料管，让他叭哒着空气"过渡"戒烟，然而不成，嘴巴毕竟闲着，于是改为让他嗑瓜子儿戒烟，接下来又用糖戒瓜子儿，再用桂圆戒糖，如此"一物降一物"，永无宁日……夫人急了，终于喊叫起来：愈戒花钱愈多啦！只得宣告暂停；无奈，那哮喘仿佛成心报复，发作得更厉害了。生死抉择，逼在眼前，最后，什么也没有吃，硬是下狠心和香烟"拜拜"了。还有一则更逗笑的，事情发生在浙江湖州。埭溪地方有一爿乡办企业，会计姓王，一贯嗜烟如命。夏季某日记账，电扇偶然将烟灰吹在账本上，正巧让未干的碳素墨水粘住了，他并未觉察。待到做总账时，原来的"13,000"变成了"73,000"，整整差了6万元。老王三天三夜没合眼，翻来覆去地查，就是找不出首尾。向领导汇报吧，又怕说不清，要戴"贪污"帽子。垫吧，哪来这许多钱？思来想去，决定一死了之。这岂不是天大冤枉？他气得往账本上猛击一拳，不料恰好擂在了那多出的一短横上，"7"重新恢复为"1"，老王大喜过望，从此戒烟。上述两个小故事，内容情节不尽相同，但其为典型的轻喜剧样式之一。还有一条是完全谐合的，那就是，都是由于外部的压力所致，而并非主观能动性的真实体现。可见，单靠规劝和说服，是不会有多大效用的。马克·吐温有言："戒烟不难，我都戒了一千次了。"讽刺的正是这个。

那么，共和国果真要变作"烟王国"了么？

正当我颇为悲剧之际，忽然从报上读到一则短讯，不禁双眼放光，拍案而起，简直想山呼万岁了。原来，自今年（一九九三年，编者注）三月一日起，江苏苏州开始执行一项新法规：不得在学校、车站、码头、餐厅、会场、文化娱乐等公共场所，特别是不得在儿

一只小皮箱里放着七、八条烟心里就踏实了。记得有一次出差忘了带烟，到了住处已是深夜，想抽一支，没有，抓耳挠腮一夜睡不着。现在想来我那时抽烟，已经不是嗜好，而是烟已进入我的灵魂，魂之所系，一要动心，先得点烟招魂。一手拿笔一手点烟，常是自己被烟熏得恶心，出现尼古丁中毒症状，才知已抽了一堆烟头。

终于有一天，我说戒烟吧。好像第一天还行，坐立不安，不写不想，到处晃悠，过去了。第二天真难受，一次次地拿起来又放下，妻子劝慢慢来，一天天减少，我知道只要吸一口，就不可能戒了。第三天，一睁眼的头一个念头是"居然两天没有抽一口了，叶延滨你真行！"从这天开始，我变成两个叶延滨，一个总是在想"抽一口多好，我难受，戒个什么呀，不会有结果的"。另一个在惊奇自己"又一天没吸了，不能吸，吸一口那五天的罪就白受了"。这种灵魂分离的现象让我努力把这个受罪的事变得让自己有兴致进行下去："对，延滨你真行，两个星期了！""拿起一闻，好，再放下来，对，不也放下了吗？""试试看看这个中篇，别停止，你能不抽烟完成阅读的过程。""写一首小诗，对，写得不好不要紧，开始写就行。"我是在戒烟后三个月才开始重新能写作的，而且写作起来精力很不集中，但我欣喜若狂，我知道只要写作时我没有抽烟的愿望，我就算把烟戒定了。回头来看，总的说来，我戒烟的这几个月的时间，开头很受罪，后面是一个很有意思的过程，不断地给自己鼓劲，不断地惊讶自己的毅力，越来越对自己充满信心。不瞒你，我这一辈子从没有哪个时候，对自己一遍又一遍地说："叶延滨真棒！"

所以，我想说，戒烟是一件非常愉快的事情，它的乐趣在于你会重新唤起自己对自己的那份自信，那份不必掩饰的自我欣赏。这是一场很有趣的测验游戏，它只有一个规则：不再吸，哪怕只是最后一支，只是最后一口……

# 丈夫戒烟

杨 妮

> 男人抽烟和女人涂口红，在我看来，应该算是天底下两桩最有意思的事情，如果是一个男人抽烟的姿势也很漂亮的话。

烟是好东西。男人抽烟和女人涂口红，在我看来，应该算是天底下两桩最有意思的事情，如果是一个男人抽烟的姿势也很漂亮的话。我丈夫抽烟的姿势就十分的漂亮且与众不同。我清清楚楚地记得，我当初爱上他，仿佛就是为他抽烟的姿势所迷惑。那天我第一次看见他，他正坐在院中的藤椅上看书，手里拿支过滤嘴香烟，徐徐散开的烟雾和午后和煦的阳光把他整个人幻化成一个非常虚幻却又非常实际的联想。他的手指长得很漂亮，那支长长的过滤嘴香烟在他指缝间悄悄燃着，像两个配合默契的朋友。

我从不反对丈夫抽烟。在香烟市场不曾开放的那些日子里，对那些高档次的香烟我总是格外留心。为了买到它们，我从来没吝啬过钱。我家里有一口小红皮箱，那是丈夫的"烟库"，里面装满了我们从各种渠道买来的高档香烟。我喜欢看丈夫盘腿坐在地毯上翻弄皮箱里那些香烟时的孩子气的得意洋洋的神情。这种时候，我多半是蹲在他旁边，和他一块快乐地翻弄他那些宝贝。那个时候，皮箱里的香烟相当丰富多彩，红塔山、阿诗玛、云烟，最差的也是攀西、遵义（我丈夫是从不抽洋烟的）。我不仅熟知这些香烟的价钱，而且能从这些香烟的气味、烟丝和烟灰上，像个老烟客一样区别出它们的档次和分类。丈夫常常对我述说他抽某种烟时的感觉，我从这些

# 烟酒琐忆

柳 萌

> 在三年经济困难时期，买不到烟，他们把白菜叶子晒干，卷着辣椒面吸，依然是那么有滋有味，享受着同真烟一样的乐趣。

熟悉我的人都知道，平日里烟酒不沾。有时朋友们聚会，觥筹交错，烟来火往，我只是偶偶独坐。置身在这种轻松热闹的氛围里，离群寡合，有时连自己都觉得扫兴，可是又实在无亲近烟酒的福分。就这样好歹地活了大半辈子。

俗话说，"饭前一杯酒，快活大半宿"、"饭后一根烟，赛过活神仙"，倘若真是这样，这种神仙的快活，今生今世，我怕是难以享受了。

有次同几位朋友相聚，这几位都是视烟酒如命的主儿，好容易凑在了一块儿，烟酒齐来，好不快活，似乎日子就该这样痛痛快快地过。唯有我好像陌生人坐在一旁，欣赏着朋友们沉浸烟酒之中的得意神态，朋友们兴奋得也好像忘记了我的存在。这其中有位相识三十几年的朋友，无意中意识到我的孤寂，他便打趣地说："喂，诸位别忘了，这儿还有一位哪，烟酒不沾，这辈子白活了。"随这位老朋友怎么说，我都不会介意，本来吗，我这辈子就很平庸，白活也不全在烟酒上，倒是另一位朋友接茬儿说的话，着实让我想起了一些事情。这位朋友说："其实你真该学学烟酒，这玩意儿真像人们常说的那样，酒能消愁，烟能解闷儿，你不信试试，天大的愁事儿闷事儿，一沾烟酒，立刻就会烟消云散。"说起愁事儿闷事儿来，我这辈子可真不少，愁情悲绪总是理不尽，大概就是因为不近烟酒的缘故，这么一想，我真后悔当初在烟酒上的不尽心。

在一般人看来，男人——尤其是文化人，烟酒无好，简直不可思议。经常有些新结识的朋友问我："你从未沾过烟酒吗？"每每这时，我只是淡淡地一笑，从不更多地答话，因为一两句话说不清楚。说从未沾过烟酒，那也不是实话。我毕竟不是佛爷僧侣，凡心一颗在胸中怦怦地跳，总还是向往人间乐趣的，哪能忍心怠慢自己呢？

那年被划"右"，流放到北大荒，同成百上千的落魄文人在一起。这其中很有些烟酒之徒，又是在逆境之中，心情不佳，烟酒便成了他们的难友。

我记得有位北京某报社的记者，自打我见到他那天起，就不曾见他脸上挂半点儿笑容，沉板的面孔犹如北大荒的荒地，看上一眼心中好不是滋味。后来听他们报社同来的人讲，这位仁兄，本来就生性软弱、内向，这次又被划了"右"，爱人也同他离了婚，肩负着人生难测的不幸和烦恼，来到这苍凉冷漠的荒野，他自然不会有宁静的心境。此公很喜欢饮酒。每天从田间劳动归来，路过商店打上二两，晚上睡觉前面壁而坐，独斟独饮，从来不让任何人。是解疲劳，是浇块垒，谁也不清楚，他自己也不说，反正天天这样，如遇阴天下雨不出工，还要多饮一两次。

我当时是个小光棍，尽管有"右"的枷锁加身，心情上也不自在，但是没有家累之愁，终日就是吃饭干活儿，比之成家之人的烦恼要简单些。就这样糊里糊涂地在劳改农场干了一年。次年有天下起大雨，屋顶的房泥被冲开了，屋里四处漏雨，我们拿出所有的脸盆接雨，一时间嘀嗒的滴水声四处响起，单调而宁静，沉闷而烦躁，更多的人在那里无言地吸烟，借以消磨这段惹人多愁善感的时光。那位终日不离酒的老兄，在这样风雨愁人的天气，自然更需要烟酒的陪伴。可能是这种沉闷的氛围太撩人了，我这平日里傻吃闷睡的主儿，忽然想起了自己未卜的前程，坐在那里看这位老兄饮酒出了神儿。他叫了一声我的名字，然后诚恳地说："喝口吧，解解闷儿。"

# 吸 烟

王 蒙

> 我给自己提的口号是：不做烟瘾的奴隶，也不做戒烟教条的奴隶！

在某些社交场合，当一些朋友拿出一支"万宝路"或者"红塔山"向我让烟的时候，当我说到我不会吸的时候，他们往往会表示惊愕：搞写作还不吸烟？

其实我也吸过烟，不搞写作的时候，不能搞写作的时候，"文化大革命"的时候。

我吸过的最差的烟是"航行"牌的，吸时不断灭火，不断爆响，吸完一个房间连一个楼道又辣又臭又呛。没吸烟的人闻到这个味比吸入这样的烟还要觉得可怕。丙级烟里"绿叶"就很不错了。乙级烟吸过的就多了："青鸟"、"海河"、"烟斗"（"文革"中改为"战斗"）、"解放"、"古车"、"飞马"……介于甲乙级之间的有"前门"和"光荣"，特别是"光荣"，物美价廉，是抢手货。好烟嘛，"牡丹"、"凤凰"、"红山茶"、"彩蝶"直到"中华"、"熊猫"，咱们也都享用过。我的一位朋友主张换着各种牌子吸，这样才能突出那些质地最好的香烟，才能在吸好烟时产生有所不同的感觉。如果天天吸你最喜爱的一种好烟，好与不好的界限也就没了。我的实践完全证实了他的经验和哲学。

我还在一部苏联小说中见到这样的描写：约瑟夫·维萨里昂诺维奇·斯大林点烟时从不用打火机，他认为打火机的汽油味会破坏最香的第一口烟的享受。我的实践也证明了这位伟人的经验是正确的——如果小说的描写属实的话。所以，即使我在吸烟的全盛时期，我预备过烟斗、烟嘴、烟缸、莫合（俄语中译为"马合"）烟荷包、莫合烟的金属与塑料烟盒……却从未预备过打火机。

我还常考验自己的控制力，例如吸着吸着突然停吸一天，或一天中准吸一支，或两天吸一支。我给自己提的口号是：不做烟瘾的奴隶，也不做戒烟教条的奴隶！

确实一直没怎么让烟成瘾。为什么还要吸呢？给自己找点事干，给自己制造一个既不打搅别人也不需要别人的机会，给自己制造一个对象，去注意烟的色、香、味，分散一下那种种的压抑、烦恼和虚空。

至于"促进文思"，从来没有的事。我吸的效益是促进消除文思而不是促进文思。一吸烟就恍惚，一吸烟就犯困，一吸烟就用夹烟替换了执笔。用吞云吐雾替换了推敲辞句，用一口一口吸烟的动作代替了一笔一划的写字，用自生自灭的思忖代替了文学构思。于是不再冲动，不再技痒，不再对文学恋恋依依，乃至不再对社会生活、对友情恋恋依依，也不再有什么疑难、有什么不平了。吸烟可真好啊！

所以，到一九七八年六月，当"文革"以后又收到中国青年出版社约我去北戴河改稿子的信函以后，我说戒就把烟戒了。刚戒时也略有失落感，吃完饭手指头老想揉搓点什么，嘴唇也想叼住点什么。一看那些危言耸听的告诫，也就不想吸烟了。

我戒得很彻底，十余年了，再没吸过一支，有一次别人硬是递给我一支"555"，吸了一口觉得不是味，扔了。不但自己不吸，而且很讨厌别人吸，呛人。（请吸烟的师友原谅！）

那次我说，我可能要恢复吸烟了。但毕竟没有恢复。也再不想恢复了。吸烟的历史，结束了。

# 烟 议

高洪波

> 许多朋友吸烟，有的是因为相信吸烟可以有助于他思考问题；有的是因为吸烟是一种男子汉的仪表风度；还有的人固执地认为吸烟可以驱毒疗病，蚊蛇不侵。

我"走上社会"那年，刚满十七岁。注意！这里用一个"走"字，意味着"社会"已不是一个空洞虚幻抽象的概念，而是一个实实在在的东西。我当时"走"上的"社会"，是一座远在云南的军营。

临行前，母亲叮嘱我：什么嗜好都可以学，千万别学吸烟。

这一句话不打紧，使我至今与香烟无缘。

母亲的告诫是颇有针对性的。我的故乡出产上好的关东大叶烟，所以那里的人们嗜烟如命。连八九岁的小姑娘都能卷上一根，旁若无人地喷云吐雾，何况成年人了！在我童年的记忆里，至今难以泯灭的，是老奶奶那根二尺来长、红得发亮的长烟袋杆儿，是那灿若黄金、几乎永不断火的铜烟袋锅儿！当然，这印象深刻的另一原因，是烟袋锅子曾因为我的顽劣而不时在我脑门上作敲击状，起一种威慑的作用。

故乡的人，无论男女，都从小和烟相亲相近，甚至婴儿在母亲的子宫里，汲取的营养中便杂有尼古丁的成分。偏偏我母亲是个例外，并且是个坚定不移的禁烟主义者。我不知母亲的"仇烟意识"始于何时，但肯定也有几十年了。也许在嗜烟的父亲与她相识起，母亲便开始锲而不舍地奉行禁烟原则了。这结果，自然是使我和弟弟都摆脱了"瘾君子"的称谓。

父亲嗜烟。按理说可以同母亲的原则抗衡到底。可惜因为吸烟过多而患有慢性支气管炎，每到秋凉就发作，把吸烟者的悲凉结局年复一年咳嗽给别人看。更为严重的是一次检查身体，透视出了肺部有一团不祥的阴影。医生很爽快，一听说父亲是位有三十五年以上吸烟史的病人，马上决定开刀切肺。做手术那天，我和母亲候在手术室外，静等着结果。不到两个小时，一位护士端着一个托盘匆匆走出，上面是父亲切除下来的肺。我仔细看了一眼这刚刚取自父亲体内的呼吸器官，原本应该鲜红的颜色，此时变得发黑，呈乌木状，像一块祭给烟神的祭品。这次直接的观察，使我对香烟愈加敬而远之了。

我不吸烟，却不反对别人吸。在军营里，烟是士兵生活的重要点缀，离开了香烟，等于离开了许许多多享受，离开了交朋友、找老乡的诸多机缘，从某种意义上说，香烟（还有旱烟、水烟）是支撑那一时代士兵业余生活的支柱，在缭绕的烟雾里，嗅着香且辛辣的气息，摆脱百无聊赖和寂寞是多么容易啊！然而，让青春的颜色在烟雾中蒸腾挥发，渐渐呈现出灰黄的色调，似乎是一种无可奈何的趋向。就在这种趋向中，我仍然没有学会吸烟。靠着什么神奇的力量呢？一座封闭起来的团队图书馆，以及那灰尘遮蔽着的一架又一架的"禁书"。我在儒勒·凡尔纳的书中，看到了人类幻想力量的强大；在契诃夫的书里，读到了人类追求崇高、鄙视庸俗的心灵是如何美丽、透明；在杰克·伦敦的书中，感受到那头杰出的大狗"雪虎"的咆哮声中的期待，期待与人类的世界互相沟通、互相理解；在巴乌斯托夫斯基的书中，我简直找到了一整座散发着智慧与思想的森林！可想而知，有这么多杰出的作家和作品陪伴着一个军营的小战士，香烟自然也就不来凑热闹了。

也许，我把吸烟与无聊划上等号是十分荒谬的。许多朋友吸烟，有的是因为相信吸烟可以有助于他思考问题；有的是因为吸烟是一种男子汉的仪表风度；还有的人固执地认为吸烟可以驱毒疗病，蚊蛇不侵。这几点都是我那些持"吸烟至上主义"的朋友所暗示的，真实与否，待考。

我的岳父，一名颇有资历的吸烟者，最近却不知为什么戒烟了！记得他曾屡次表示：誓与香烟共存亡！还半真半假地告诉我说，等他上八宝山火葬时，嘴上要点一支香烟！

岳父养一只乌龟，我们戏称这乌龟是岳父"五七"干校的老战友。事实也确实如此，小乌龟刚比五分钱钢蹦略大时，就被岳父从湖北咸宁的"五七"干校拾了回来，住到如今，十多年过去，它已长得有二大碗般身胚，且认人，无事时伏在玻璃鱼缸的石影里，仿佛入定的老僧；岳父只要叼着香烟踱来，向它友好地喷一口烟雾，"老僧"便翻腾起来，快活地浮出水面，伸长圆溜溜的脖子讨肉吃，香烟于它，无异于喂食的信号。也许不光是吃的信号，这只乌龟凭这缭绕的烟云，能嗅出老朋友的气息，嗅到遥远的故乡的味道，亦未可知！

岳父戒烟之后，乌龟也失了宠，它和它的玻璃宿舍从桌上挪入桌下，没有香烟的异味弥漫在水面，乌龟想必也有些感伤的吧！细问岳父戒烟的奥秘，和我父亲的理由大至相近，概出于负责任的医生们三番五次的忠告，也是意识到了香烟对自己老年生活产生的潜在的威胁。于是，对香烟过敏的我们，又松了一口气，觉得岳父能悬崖勒马，是十分明智和果断的——然而不抽烟的人，在现实生活中却常常遇到尴尬。比如外出办事，香烟能使你很快地与对话者建立一种和谐的关系。一支烟递过去，再划上一根火柴，彼此谦让一下，点着了烟，各自吸上一口，待烟雾自口鼻中涌出时，对话交流的气氛便自然而然形成了。这指的是一对一的交往。若遇到一群对话者时，你可以十分洒脱利索地散烟，远者掷之，近者递之，不远不近者可把烟盒抛去，以显亲热和无拘无束。待各人嘴边都叼上你的香烟之后，情感自然得到某种沟通，一切好说！不吸烟者少了这一套社交程序，开门见山谈事情，缺了正常的铺垫，让人觉着别别扭扭，好像你这人生来就"格色"似的。我的一位朋友，曾为这种境遇觅解脱之法，先是衣袋里揣许多高级奶糖，逢人便敬糖，结果落得让人看不起，以为太"娘们儿气"！后来他大彻大悟，也买得香烟敬人，可是从来不陪别人共享，几次过后，人们或称他"怕死鬼"，或叫他"伪君子"，弄得不阴不阳，里外不是人。最后为工作计，下狠心学吸烟，努力上瘾，如今俨然一江湖客，喷云吐雾且不说，为人行事豁达洒脱，前后判若两人。香烟给他上了生动的一课。

据说香烟介入人类生活以来，目前到了一种低潮时期。国外有人撰文，证明吸烟者虽易得肺癌，而被动吸烟者更易受害。为此，特制定若干规矩，如在公共场所禁止吸烟，包括剧院、候车室、舞厅、公共汽车上等，瘾君子们处处受制，吸烟的乐趣日淡一日。

我以为这种舆论其实是一种好现象，对吸烟诸公加以必要的限制，也体现了一种文明程度。否则，吸烟者自管自得其乐，任烟雾污染环境，本身就是不太文明的行为；但你若强行禁止，又显得不近人情，因为吸烟毕竟是一种无伤大雅的嗜好，较之吸毒与赌博，文明得无以复加。所以呼吁一下，控制一下，使主动吸烟者同被动吸烟者之间达到某种谅解，是十分聪明的做法。

这种做法看来已为我们许多部门所接受。我在最近一次的火车旅行中，所在卧铺车厢的乘务员认真负责，禁止旅客在车厢内喷云吐雾。她态度和蔼，遇到瘾君子，便劝他到车厢连接处或洗手间去吸，几次过后，吸烟者都意识到自己的嗜好同周围环境的矛盾，开始自觉起来。这趟旅行，我一直处于明朗而鲜洁的空气中，想来真难得！

这无疑是一种大进步！

香烟虽小，却能显示出人际关系的微妙，民族性格的优劣，以及人与环境、人与自然之间的和谐与否。甚至个人品格的修养，也借一支小小香烟流露出来。可不可以这样说，人类发现并制造了香烟，香烟又反过来改造并制约了人类呢？我虽然不吸烟却能凭直觉感受和意识到这点。但我也从岳父戒烟这一"壮举"上，体会到人类理性力量的强悍，人，毕竟是可以战胜自然强加给他的嗜好，复归于自然的。

# 学抽烟

叶兆言

> 漂亮的女孩子抽香烟，多少有些煞风景。没办法想象林妹妹和宝姐姐是如何地抽香烟。当然女作家和女强人例外……

　　抽烟的人，恐怕都有一个学抽烟的过程。抽烟不是什么难事，然而的的确确还得学一学。我属于那种资质不好的人，学抽烟，前前后后无数次，至今也不过是写作时，随便点一支在手上装腔作势做样子。有的人闭着眼睛，抽得出什么牌号，真货假货一口就知道，不像我，永远不知道香烟的优劣，好烟坏烟在嘴里都是差不多的味。

　　不知道我这样的人算不算烟民。我和香烟似乎一直没缘分，而且压根讨厌公共场所的烟雾，绝对赞成像林则徐禁鸦片那样禁香烟。还是孩子的时候，一起玩的伙伴抽丝瓜藤，我跟着尝过几口，除了不停地咳嗽之外，没留下别的印象。上中学下农村去劳动，那是学抽烟的黄金时代，我们那个小组只有我一个人是例外。打了一大排地铺，都睡在农民家里，去小店里买了劣质的香烟，劳动归来，哼着那个年代称之为黄色歌曲的情歌，哥呀妹呀地喊着，东倒西歪躺在地铺上，你一支我一支，扔过来扔过去，吞云喷雾，满房间的烟雾仿佛是失了火。

　　抽烟应该是男子汉的专利。有人特别讨厌女人抽烟，说女人抽烟，就和男人不抽烟一样难看。这观点我不赞成也不反对。漂亮的女孩子抽香烟，多少有些煞风景。没办法想象林妹妹和宝姐姐是如何地抽香烟。当然女作家和女强人例外，这些人是女人中的男人，她们不抽烟谁抽烟，不要说是抽香烟，法律若许可的话，抽鸦片都应该。

　　说男人不抽烟难看，这话有点岂有此理。然而抓支烟在手上，的确能多几分男子汉气。我觉得许多人学抽烟，往往从想表达自己的男子汉风度开始。我的很多朋友都是中学时代开始学抽烟的。记得那时候在农村劳动，班上的大部分男生都抽烟，不抽烟便明摆着反潮流。我因为实在不想咳嗽，坚决不抽烟，很有一种对不起大家的内疚和恐慌。抽烟在当时意味着一定的冒险，不抽烟，便难逃避向老师告密的嫌疑。要想证明自己不会当叛徒告密，最好的选择是入乡随俗，跟着大家一起抽烟。退求其次的办法去买两包烟来请客，先把毒害青少年的罪名承担下来，想告密也不敢。还有一个最不像话的出路，这就是去做一回贼。因为大家只是在学抽烟，又都是躺在稻草铺的地铺上，烟灰落下来，床单上烫了一个个洞，避免的办法是去镇上的馆子里偷几个酒盅来当烟灰缸。

　　我果然去偷了不少酒盅，一人发一个都嫌多。贼的罪名远比偷偷地学抽香烟更大，我因此得到了大家的称赞。

# 附：关于烟的诗·词·赋

诗：

### 咏烟草

沈德潜①

八闽②滋种族，九宇遍氤氲。
筒内通炎气，胸中吐白云。
助姜均去秽，遇酒共添醺。
就火方知味，宁同象齿焚。

【注释】

①沈德潜（1673－1769），字确士，号归愚，江苏苏州人，乾隆时进士，官至内阁学士兼礼部侍郎，工诗，有著作多种。

②八闽，福建省在元代分福州、兴化等八路，明改为八府，故称八闽。

# 吃 烟

*方孝标*[①]

往见人吃烟,不知为何物。居塞上见人多种之,杂于蔬圃丛生,翠茎绿叶,类芥而高,叶尖圆无刺。以三月种,四月苗。苗后复移莳。初畏风日,时贮器以掩之,晴和即撤。宜沙,有沙虫好蠹其根,露未晞游叶上,人必晓起伺而驱之。久晴则溉,久雨则壅。至七八月,次第获其曝干束之,每束凡七八叶或十数叶,名一筐。获毕必留一二本,待其华而实,以为来年之种。花色淡红,扶疏可爱。盖塞无茗,客至必呼烟,且易参、貂、布帛者,或需之故,重云。近有僧云佛藏[②]中已有之,载南藏以字函,北藏下字函,根本有一切。《毗尼·杂事部》有具寿比丘病[③],服烟药而愈,请于世尊[④],世尊许之,始以碗合而吸,后改为木筒,又改为铁筒,即令之制云。

塞俗如同麻麦收,翠茎红蕊种三秋。
沙畦薰焙传方法,上炕宾朋当款留。
金碗吸如鸿渐品,玉山颓似杜康谋。
革囊铜管偕刀镊,已见吹嘘遍九州。

【注释】

①方孝标(1617-?),名玄成,字孝标,号楼冈,安徽桐城人。顺治六年进士,官至内弘文院侍读学士。有《滇黔纪闻》等遗世。
②佛藏,佛教典籍的总称。
③具寿,和尚的总称,多用于师呼弟子或长老呼年少和尚。比丘,指出家修行的男僧。
④世尊,佛家对释迦牟尼的尊称。

## 吃烟之风传自塞外

陈元龙①

神农不及见,博物②几曾闻。
似吐仙翁火,初疑异草熏。
充肠无滓浊,出口有氤氲。
妙趣偏相忆,萦喉一朵云。
异种来西域,流传入汉家。
醉人无借酒,款客未输茶。
茎合名承露③,囊应号辟邪④。
闲来频吐纳,摄卫比餐霞⑤。
细管通呼吸,微嘘一缕烟。
味从无味得,情岂有情牵。
益气驱朝雾,清心却昼眠。
谁知饮食外,别有意中缘。
清气涤昏憨,精华任嘴含。
吸虚能化实,尝苦有余甘。
爇火寒能却,长吁意似酣。
良宵人寂寞,借尔助高谈。

【注释】

①陈元龙(1651-?),字广陵,海宁人,康熙进士,授编修,擢广西巡抚,官至文渊阁大学士兼礼部尚书,有《爱日堂诗集》等。

②博物,指《博物志》,是一部上自晋,下至清,经多人增补,记载异物、奇境、殊俗、琐闻等内容很庞杂的书。

③承露,烟草顶上数叶味最佳,曰盖露。

④辟邪,有辟除邪秽之意。

⑤摄卫,摄食保健之意。

# 烟 戒

黄之隽①

幼骇所见，折芦为筒。
卷纸于首，纳烟于中。
或就火吸，忽若中风。
闭睫流涎，谓醉之功。
久而盛行，遍种斯草。
晒叶锉丝，匪甘匪②饱。
铜竹镂工，荷囊制巧。
缨弁横衔，脂鬟斜咬③。
吾独违众，誓不沾牙。
嫉如冶葛④，屏若颠茄⑤。
有里前辈，响予褒嘉。
不逐流俗，非君子耶。
逮三十五，暨阳舟次。
岁暮晓寒，拥衾不寐。
邛友津津，曰煖且醉。
遽丧其守，索而尝试。
入唇三咽，启齿一呼。
四肢软美，八脉舒敷。
相遇恨晚，大智若愚。
四十余载，晷刻必需。
亦润文心，亦绵诗力。
思之不置，弃之可惜。
如惑狐媚，如蛊妖色。
一朝觉痞，忍为残贼。
昔韩尚书，嗜酒与烟。

不得已去，二者何先。
答曰"去酒"，佳话流传。
曩予附和，今不谓然。
咽喉寸肤，食草吞火。
非兽非鬼，奚颐之朵。
熏舌尚可，焚肠杀我。
老耄作戒，铭诸座左。

【注释】

①黄之隽（1667-1748），字石牧。号唐堂，江南华亭（今江苏松江）人，康熙辛丑（1721）进士，官翰林院编修，有《唐堂集》。

②匪，同非。

③缨弁横衔，指以烟筒插于冠；脂鬟斜咬，指妇女以烟筒插髻。

④冶葛，草名，味美而性毒。

⑤颠茄，茄科植物，含莨菪碱，有剧毒。

## 咏烟草

翟灏①

耕地栽瑶草，能令四德俱②。
占肥同黍麦，望影接茭蒲。
载采香何烈，云黄叶已枯。
缚箱通远贾，悬斾售通衢。
柿削③堆初积，丝分缕不粗④。
轻柔搓柳线⑤，琐碎落金麸⑥。
兰香纷搀和，苏膏暗洽濡。
慕膻情自切，嗜炙性无殊。
费薄钱挑杖，馋深唾渍盂。
细筒裁竹箭，夹袋制罗襦。
佩或随鸣玦⑦，携常倩小奴。
镞金抽箘簬⑧，律管实葭莩⑨。
籍艾频敲石，围灰尚拨炉⑩。
乍疑伶秉籥，复效雁衔芦⑪。
墨饮三升尽，烽腾一缕孤⑫。
似矛惊焰发，如笔见花敷⑬。
苦口成忠介⑭，焚心异郁纡⑮。
秽兼岑草乱，醉拟碧筒呼。
吻燥宁嫌渴，唇津渐得腴。
清禅参鼻观，沆瀣润咙胡。
幻讶吞刀并，寒能举口驱。
餐霞⑯方孰秘，厌火国非诬。
绕鬓雾徐结，荡胸云叠铺。
积青凝斗室，横碧⑰漾纱橱。
七灼心除疢，三熏胃涤污。

含来思邈邈，策去步于于。
款客犹先茗，浇书不待醹⑱。
涩回尝橄榄⑲，疫辟浸茱萸⑳。
洱海薯粮绌㉑，番禺蒟酱输㉒。
作骚多膡馥㉓，采药早遗珠㉔。
郭璞笺仍缺，嵇含状莫摹㉕。
滇南功独奏，闽右路群趋。
种未周三甲，风先布八区。
相思名旖旎，呵应语模糊。
损益人凭说，辛芳尔不渝。
诗肠感熏染，吟谢淡巴菰。

## 【注释】

①翟灏（？-1788），字大川，又字晴江，浙江仁和人，乾隆时进士，任金华、衢州府学教授，有著作《通俗编》、《无不宜斋诗文稿》等。
②《鹤林玉露》载槟榔四德，醉能使醒，醒能使醉，饥能使饱，饱能使饥，评烟。
③柿削，指刨烟。
④粗，意不精。
⑤柳线，柳条细长如线，喻烟丝。
⑥金麸，喻烟丝。
⑦随身携带烟具。
⑧箇籞，竹的一种，此处指制烟筒之竹。
⑨葭草，意淡薄，喻吸烟之虚无状。
⑩敲石，拨炉，均指取火。
⑪篪，古代管乐器。"伶秉篪"和"雁衔芦"均喻吸烟状。
⑫二句描写文人写作和吸烟时情形。
⑬"矛焰发"和"笔见花"，形容吸烟提神。
⑭吸烟使人变得忠厚、耿直；苦口，喻吸烟。
⑮吸烟可以解忧愁。郁纡，忧思和烦闷，焚心，喻吸烟。
⑯餐霞，道家一种修炼之术，指吸收日霞。
⑰积青、横碧，均喻烟雾。

⑱醑，指酒。

⑲橄榄，味苦涩，然常为人嗜之。嵇含《南方草木状》云：橄榄……味虽苦涩，咀之芳馥，胜含鸡骨香。

⑳茱萸，植物名，其味香烈。旧传重阳节佩插茱萸，以祛邪避灾。

㉑洱海（云南）地区因种烟而粮食不足。薯，浮指粮食类。

㉒番禺（广东）地区因种烟而蒟酱衰落。蒟，植物名，果实可作酱。

㉓賸，同剩。

㉔在药谱中遗漏精华。遗珠，失去珍珠。

㉕郭璞（276－324），晋河东人，博学，擅词赋，注释《尔雅》、《山海经》等；嵇含，晋人，撰《南方草木状》。

## 烟草歌

陆耀①

桑椹着树原蚕老,地头墙角纷烟草。
修枝翠拨琅玕孤,疏叶青攒鸾扇小。
风中有时薄作花,浅白轻红媚清晓。
老翁负瓮绠汲勤,游女倾筐掇拾早。
缚来烟陇昼于茅②,曝向晴檐晚编筲。
檀床③压取石磊砢,闽刀切作丝缭绕。
更斫湘干远岸孙,白头铜嘴④装精巧。
制为烟筒便挟持,左比剑佩右弓铰。
偶然爇以阳燧光,香雾噀人入髓脑。
长夏虚堂消暑宜,款冬纸帐驱寒好。
艺苑含毫砚北吹,芳闺对镜眉端袅。
逸品争将仙鹤名,清芬或以兰芽表。
谱芳不入离骚咏,辨性未经尝药道。
本似萄葡绝域珍,忽共槟榔震旦宝⑤。
复有屑为云母粉⑥,玫瑰花露相和捣。
以鼻代口事更奇,其法乃自西洋肇。
锢癖直同嗜昌歜⑦,宝爱不啻啖火枣⑧。
俱登记堂为狎友,渐入宾筵作介绍。
吾思盐策⑨困熬波⑩,茶荈官山事滋扰。
今之嗜烟如嗜茶,细民析利争微渺。
何当还种吕宋王,商船但贩红粳稻。

【注释】

①陆耀(?-1784),字青来,又字朗夫,江苏吴江人,乾隆年间历任云南大理、山东济南知府及湖南巡抚等职。

②于茅,取茅。

③檀床,这里指切烟丝用的木制器具。

④白头铜嘴,指两头嵌有金、银、铜之类的烟袋。

⑤绝域,指极远的地方;震旦,古时印度称中国为震旦,意为日出的地方。

⑥云母粉,原意一种矿物,此喻鼻烟。

⑦昌歜,用蒲根切制成的盐菜。

⑧火枣,传说中的仙果,食之能羽化飞行。

⑨盐策,有关盐事的政策和措施。策,政策或计谋解。

⑩熬波,即煮盐。

## 后烟草歌

陆耀

窗扉夜透风力铦，中人肌骨寒磨镰。
淡巴菰叶炷星焰，嘘温回冷三焦[①]炎。
吾思大地滋百草，箽脯、屈轶[②]逢难兼。
人参三丫茅三脊[③]，上古悉被医王佥。
开辟以来合有此，昔人不识空诛芟[④]。
后来纷纷究原本，云致吕宋词宁谙。
疏注名物推尔雅，不闻释木惟松杉。
山经所志亦奇博，大荒毛土穷窥觇。
何况庖牺[⑤]别性味，君臣佐使罗金函。
不应诸书并遗载，定非圣智忘搜探。
中经秦火燔百氏[⑥]，卜书虽存止大凡。
古昔记录残失次，窜佚星宿笼鸟蟾[⑦]。
桂海虞衡侈范老[⑧]，南方状类夸嵇含[⑨]。
往往熏木列千品，谁为小草编名衔。
自古中国或失志，蒲萄苜蓿通西南。
若云地气有拘阂，昔何萎绝今濡涵[⑩]。
远数闽岭近燕代[⑪]，町畦栽种纷青蓝。
宁闻异域充贡后，化枳成类逾淮柑。
乃知随地本生产，不逢采撷有徒髧鬖[⑫]。
二百年来人竞嗜，连吹屡吸忘为贪。
酒阑曲罢吾何有，停毫掩卷聊持拈。
忆昔曾为赋长句，制造方法陈毫纤。
竟欲广摭品甲乙，茶经茶录[⑬]同装签。
风尘扑面少清暇，日购闽产真痴憨。
今朝节候交大雪，朔风入夜尤清严。

僧寮篝火久独坐,余灰剔去还重添。
聊盘硬语压前作,肝脾欲煦心神恬。

## 【注释】

①三焦,指食道、胃、肠。

②蒾脯,一种瑞草,相传尧时生于庖厨,摇动则风生,食物寒而不臭;屈轶,神话中的草名,传太平之世逢出,指向佞人,故又名指佞草。

③人参、三丫、茅三脊,皆中药名。

④诛芟,除草。烟草本来就有,只是人们不识而当野草一样除掉。

⑤庖牺,即伏羲,传说中古代酋长,教民捕鱼畜牧,以充庖厨。

⑥指秦始皇焚书。

⑦星宿,泛指列星,此喻重要人和事物;鸟蟾,鸟和蟾,此指次要的东西。

⑧范老,即范大成。

⑨嵇含,晋人,撰《南方草木状》。

⑩此二句意思是:如果说地域环境不同,为什么(烟草)过去没有而今天却生长呢?对烟草原产提了疑问。拘阂,妨碍;濡涵,即涵濡,意滋润,引申为扩大范围。

⑪闽岭,指南方;燕代,燕国和代国,指北方。

⑫鬈鬖,意长发之貌,此喻烟草生长状。

⑬《茶经》,我国第一部茶叶专著,唐朝陆羽著;《茶录》,宋朝蔡襄撰,录《茶经》之不载。

# 烟 草

*爱新觉罗·永忠*[①]

烟草亦乡风，吹嘘借管铜。

暖云吞复吐，愁磊塞能通。

挼叶香逾烈，劙[②]丝味不穷。

寒宵偏利旅，一朵远分红。

**【注释】**

①爱新觉罗·永忠（1735－1793），字良甫，号敬轩，又号藁仙、栟榈道人、延芬居士，乾隆时期皇室。

②劙，割。

## 道中所见草木①

钱大昕②

小草淡巴菰，得名盖未久。
移栽始闽峤，近乃处处有。
烈日炙叶干，黄丝细如绺。
筠筒烟一缕，相习以口受。
肺腑非铁石，火攻奚可狃③。
奈何今时人，嗜此不去手。
縻财更妨功，滥觞起谁谋。
安得拔其根，厄茜④种千亩。

【注释】

①选自《潜研堂诗集》。

②钱大昕（1728－1804），字晓征，号竹汀，江苏嘉定人，乾隆时进士，历任山东、湖南、浙江、河南乡试考官，提督广东学政，后称病归田创建书院，精研群籍，通经史、文义、音韵、训诂、金石、书画等，时通儒之名。

③狃，习惯。

④厄茜，这里是指谷物类之粮食作物。

# 吸 烟

和焦二香韵（二首）

曹锡宝①

## 一

哪知世味外，别有味堪尝。
一自吹嘘惯，群夸齿颊香。
云霞生户牖，谈笑带雌黄。
转怪医经陋，探搜未著方。

## 二

酒渴更残后，寒深梦觉时。
与君常作伴，而我最相思。
功岂旗枪敌②，名参曲蘖宜③。
何人不知味，异议漫争持。

【注释】

①曹锡宝，字鸣书，号剑亭，上海人，乾隆年间进士，历任陕西道御史等职，有《古雪斋诗》等。

②旗枪，茶之叶为旗，其嫩茎为枪，最优等之茶为一旗一枪。

③曲蘖，喻美酒。

## 烟 诗

归懋仪①

谁知渴饮饥餐外,小草呈奇妙味传。
论古忽惊窗满雾,敲诗共讶口生莲。
线香②燃得看徐喷,荷柄装成试下咽。
缕绕珠帘风引细,影分金鼎篆初圆。
筒需斑竹工夸巧,制藕涂银③饰逞妍。
几席拈来常伴笔,登临携去亦随鞭。
文将与化嘘还吸,味美于回往复还。
欲数淡巴菰故实,玉堂文已著瑶篇。

**【注释】**

①归懋仪,字佩珊,江苏常熟人,上海李学璜之妻,工诗词,诗、书、画并擅三绝,著有《绣余小草》、《续草》、《三草》及《听雪词》。此诗选自《烟草谱》,原载无题。

②线香,香之一种,细长如线,故名。

③烟筒,其考究者有的以金银之类镶之。

## 烟草诗二首

祝德麟①

一

草中烟草昔时无,题目新鲜体格殊。
倘举鹧鸪蝴蝶例,芳名应属淡巴菰。

二

池塘春草梦中谙,更有联吟纪阿男。
诵到栖鸦流水句,底须绫障听高谈。

【注释】
①祝德麟,字止堂,海宁人,曾任翰林院编修,后改任御史,有《悦亲楼诗集》存世。

## 淡巴菰歌并序

徐以升①

春仲,偶读王渔洋先生《分甘余话》,载烟草出姚旅《露书》,产吕宋,本名淡巴菰。时慕庐韩先生为院长教习庶吉士,乃命门人辈赋淡巴菰歌,因戏拟一首。

仙山产灵草,种实繁有徒。
一物生岛屿,厥名淡巴菰。
传流内地渐滋蔓,地利夺尽千膏腴。
斑斓拂拭湘竹管,金丝细揉闲吸呼。
初如篆烟轻袅袅,百和乍起金香炉②。
旋如锁囊开两角,腾腾绕屋云模糊。
南荣负暄③春得酒,辟寒除秽病骨苏。
文澜武库借触拨,心源一一开萦纡。
舟中马上孤客枕,味无味处还啜餔。
芸窗兀坐风雨候,睡魔欲并愁魔驱。
女郎近亦弄狡狯,芬芳吐纳含樱珠。
白云一片杂兰麝,馥郁时露冰雪肤。
襄阳小儿不解事,铜鞮唱罢争时趋④。
一钱买得恣喷簿,浑如沙雁衔霜芦。
何年蓄产此尤物,薰肌入髓无处无。
渔洋山人⑤精考核,露书载出东南隅。
韩公文笔妙天下,癖好亦复同尊壶。
品题聊借玉堂隽,逞妍抽秘争形模。
前辈风流愧难继,作歌聊尔充吴歈。

【注释】

①徐以升,字阶五,号恕斋,浙江德清人,雍正时进士,官至广东按察使,

有《南陔堂诗集》存世。

②篆烟,即烟缕,烟上升缭绕如篆文故名;百和,即百和香,此指烟香。

③南荣负暄,在屋檐下曝日取暖。南荣,房屋的南檐;负暄,曝背取暖。

④李白诗《襄阳歌》:"襄阳小儿齐拍手,拦街争唱白铜鞮。"铜鞮,曲牌名。

⑤渔洋山人,即刑部尚书王士祯。

## 吃烟戏咏

赵翼①

淡巴味不入咸酸,偏惹相思欲断难。
岂学仙能吸云雾,几令人变黑心肝。
喷浮银管香驱秽,暖入丹田气辟寒。
赢得先生夸老健,鼻尖出火骇旁观。

【注释】

①赵翼(1727－1814),字云松,号瓯北,阳湖(今江苏常州)人,乾隆时进士,著名史学家、诗人,历任内阁中书、广西镇安知府等官职。

## 美人啖烟图

朱中湄①

惜惜佳人粉黛匀,轻罗窄袖晓妆新。
随风暗度悲笳②曲,馥馥轻烟漫点唇。

【注释】
①朱中湄,字远山,江西吉水人,少司马李梅公之妻。此诗选自《名家诗咏》。
②悲笳,古代军中号角,其声悲壮。杜甫诗《后出塞》之二云:"悲笳数声动,壮士惨不骄。"

## 闺阁吸烟诗二首①

佚名

《广新闻》云,吃烟至本朝始盛,不但男子尽然,即闺阁中亦皆手执烟袋呼吸无忌者,一士人作诗咏之曰:

一

宝奁数得买花钱,象管雕镂估十千。
近日高唐②增妾梦,为云为雨复为烟。

二

乌丝袅袅细如绵,点点微樱红欲燃。
差拟海棠初雨后,凝脂和粉泣朝烟。

【注释】
①本诗选自陈琮《烟草谱》,标题为编者所加。
②高唐:战国时楚国地名,在云梦泽,传说楚襄王游高唐,梦见巫山神女。

## 烟草诗六首①

高世镁

### 一

辽海传来翠一丛，馡馡②鼻观已潜通。
餐霞不用凌早起，就暖无须近夜烘。
光映瑶盘金叶缕，香携丝袖绿竹筒。
农皇若蚤③亲尝遍，割取良田地几弓。

### 二

下种何须问老农，平畦霢靡④绿云重。
味分雨后高低叶，色辨风前长短茸。
蕑佩一囊含润贮，花牋五彩带香封。
佳名曾号相思草，怪底相思分外浓。

### 三

曾传马氏新标制，万里分携大小邦。
名自前朝夸第一，种来天柱檀无双。
县⑤旗近傍娉婷市，遗馥遥吹窈窕窗。
观我朵颐箖下过，几人掩袖望风降。

### 四

牀头鹊尾剩余温，小坐含烟静掩门。
玉盒藏来千缕润，镜屏行处一痕昏。
看花选石和香咽，移榻临池对墨喷。
我欲梦中传品格，裕陵罗汉十三尊。

## 五

睡起慵施金步摇，绿窗一簇手拈烧。
笑揩鸾袖香生渖，醉上桃腮红晕潮。
绝胜文君⑥闲对酒，体夸嬴女⑦善吹箫。
此身愿化为云雨，晨夕氤氲傍翠翘⑧。

## 六

酒颂茶经此又添，朝朝研北⑨置瑶奁。
饮衣风日功同稼，车马江淮富拟盐。
曾返片魂归寂寞，却从一窍得香甜。
从今似握湘东管，五色云⑩中信手拈。

**【注释】**

①选自陈琮《烟草谱》，标题为编者所加。作者高世镜，字小云，生平不详。
②馡馡，香气散逸。
③蚤，早的假借字，农皇，即神农。
④毸，草木弱弱的样子。
⑤县，悬挂。
⑥文君，指卓文君。文君寡居在家，司马相如过饮于卓家，以琴心挑之，文君夜奔相如，同归成都。
⑦嬴女，弱女。嬴女吹箫指女子用烟管吸烟状。
⑧翠翘，妇女头饰，似翠鸟尾之长羽故名。
⑨研北，研同砚；古人谓几案面南，人坐研之北，喻从事著作。
⑩五色云，青、白、赤、黑、黄五色之云，此喻烟雾。

## 美人吃烟诗

董文友有美人吃烟诗，戏和六首用烟字韵

尤侗①

### 一

起卷珠帘怯晓寒，侍儿吹火镜台前。
朝云暮雨寻常事，又化巫山一段烟。

### 二

乌丝一缕赛香荃②，细口樱桃红欲然。
生小妆楼谁教得，前身合是步非烟。

### 三

剪结同心花可怜，玉唇含吐亦嫣然。
分明楼上吹箫女，彩凤声中引紫烟。

### 四

天生小草醉婵娟，低晕春山③鬓半偏。
还倩檀郎④轻约住，只愁紫玉⑤不去烟。

### 五

斗帐⑥熏篝⑦薄雪天，泥郎同醉伴郎眠。
殷勤寄信天台女，莫种桃花只种烟。

### 六

彤管题残银管燃，香奁破尽薛涛⑧笺。
更教婢学夫人惯，伏侍云翘⑨有袅烟。

**【注释】**

①尤侗（1618-1704），字同人，一字展成，号悔菴，又号西堂老人，康熙时召试鸿博，授翰林院检讨，有《西堂全集》存世。

②香荃，一种香草。

③春山，形容春天山色明媚可喜，比喻女子笑脸。

④檀郎，少年美男子。

⑤紫玉，"紫玉成烟"之语，原出（晋）干宝《搜神记》，喻少女去世。传说春秋时吴王夫差小女名紫玉，爱慕韩重，不得成婚，气结而死。后韩游学归，往玉墓哀吊，玉形现出，赠韩明珠，并歌之。韩欲拥抱，玉如烟而去。

⑥斗帐，小帐，形如覆斗，故名。

⑦熏篝，罩在熏炉上的竹笼，作熏香及烘干之用。

⑧薛涛，唐代女伎，诗人。

⑨云翘，乐舞名。

## 鼻烟（二首）

许宗彦①

一

论蜡携来市舶，海云养就蛮烟。
闻道略如采茗，分别雨前火前。

二

疏快胜针风府②，不嫌假道灵坚③。
水玉④玲珑满贮，提壶劝遍尊前。

【注释】
①许宗彦（1767－1818），字积卿，又字周生，浙江德清人，嘉庆时进士，授兵部车驾司主事，后辞官居杭州闭门读书，有《鉴止水斋集》存世。
②犹言闻鼻烟比针灸风府还感到松快。风府，人体穴位名，在颈上。
③假道灵坚，借用其法使之明察、坚定。
④水玉，即玻璃。

# 鼻 烟

次某阁学韵

彭光斗[1]

上古食气寿且神，滋味渐开争朵哆[2]，
天生圣火淡巴菰，来从异域标稗史。
桐雷[3]尝药昔未见，遂令《本草》缺佐使，
辟寒驱瘴效最奇，枳术参苓哂徒尔[4]。
以兹嘘吸遍世人，嗜烟直等昌歜美[5]。
比来斯品更珍绝，不产扶桑产蒙汜。
碾成琵琶金屑飞，嗅处微微香雾起。
海客售来价百缗，大官朝罢尝一匕。
翠管银瓶出袖间，灌脑熏心嚏不已。
始知鼻饮口无功，请借禅和明妙理[6]。
闻香神女无觉触，辩味钵提非舌揣。
尘根互用随处灵，色身本是旃檀体。
旁征轶事佐诙哈[7]，耳食眼饱都类此。
人能捉鼻效锥吟，地名炊鼻书鲁纪。
吸醋群夸羊鼻公[8]，听莺堪代吴牛耳。
何况馨香一气通，宁虑焚身同象齿。
不见当年有鼻君，千秋胼蚤[9]蛮方祀。
先生大笑信有诸，姑免掩鼻对西子。

**【注释】**

①彭光斗，字贲园，号退庵，江苏溧阳人，乾隆时举人，曾任知县，有《云溪草堂文钞》存世。

②朵哆，张口和鼓动腮颊的样子，此处喻吸烟。

③桐雷，桐君和雷公，相传黄帝时掌管医药之臣。

④枳术、参、苓，皆药名，暗喻烟草为同类。

⑤昌歜，用蒲根切制成的盐菜。

⑥向参禅之人请教饮鼻烟的道理，禅和，即参禅者，和尚。
⑦诙咍，嬉笑。
⑧指唐代名臣魏征。
⑨肸蚃，散布，弥漫，此处指烟气之扩散。

## 紫竹烟竿

黄定文①

淡巴菰清韵在茶香酒味之间而以晚出,赋者绝少。至烟具,如烟竿、烟帘、烟壶之比类当亦不下茶录。世无蔡君谟②不能为渠家一新谱牒也。余京居,得紫竹一竿以炷烟,色香味俱胜绝,因赋七律一章。

风味清于中圣贤③,篆香④细入紫云鞭。
醉笼筼谷⑤千寻影,闲吸湘江万里烟。
冷焰微通霜后节,死灰应为岁寒然。
相思唤起空中梦,一缕白云留远天。

【注释】

①黄定文,字仲友,生平不详,有《东井诗抄》传世。
②蔡君谟(1012－1067),即蔡襄,宋朝人,官至端明殿学士,著《茶录》等。
③中圣贤,即醉酒。汉末曹操主政,禁酒甚严,时人讳说酒字,称清酒为圣人,浊酒为贤人。尚书郎徐邈私饮沉醉,对人称中圣人,即醉酒。
④篆香,一种特制的香,点燃时烟上升缭绕如篆文。
⑤筼谷,即筼筜谷,在陕西洋县西北,曾以产竹著称。

## 食烟草自哂

沈彩①

自疑身是谪仙②妹,沆瀣琼浆果腹无。
欲不食人间烟火,却餐一炷淡巴菰。

【注释】
①沈彩,清代女诗人,字虹屏,号扫花女史,浙江平湖人,贡生陆烜侧室,有《春雨楼集》。
②谪仙,谪居世间的仙人。古称才行高绝的人为谪仙。

# 兰州水烟

舒位[①]

兰州水烟天下无,五泉[②]所产尤绝殊。
居民业此利三倍,耕烟绝胜耕田夫。
有时官禁不能止,贾舶捆载行江湖。
盐官酒胡[③]各有税,此独无吏来催租。
南人食烟别其品,风味乃出淡巴菰。
迩来兼得供宾客,千钱争买青铜壶[④]。
贮以清水及扶寸,有声隐隐相吸呼。
不知嗜者作何味,酸咸之外云模糊。
吁嗟世人溺所好,宁食无肉此不疏。
青霞一口吐深夜,那知屋底炊烟孤。
且勿呼龙耕瑶草,转缘南亩勤春锄。

【注释】

①舒位(1765-1815),字立人,号铁云,北京人,乾隆时举人,工诗,才绝一时,但累试不第,家境贫寒,寄人篱下,有《瓶水斋集》。

②五泉,地名。在今兰州市,境内皋兰山有五泉而名。

③盐官,掌盐务的官;酒胡,劝人饮酒之具。盐官、酒胡指经营盐与酒的生意。

④青铜壶,指青铜制的水烟袋。

# 赋得鼻烟

答屏山令陆文祖①

李调元②

烟乃口呼也，胡为鼻吸哉。
种传洋舶至，贩自海关来。
玉碾霏霏雪，珍盛小小罍③。
玻璃含润泽，琥珀映胚胎。
倒泻壶常侧，分遗帕甫开。
每拈才一指，屡嗅带千炱④。
屏气如无息，相吹似有埃。
为谁频作嚏，不惯却妨咍⑤。
香雾何须噢⑥，醺人绝胜酷⑦。
驱寒天不害，辟瘴地消灾。
贡品殊难得，多仪每走儓⑧。
达官腰例佩，对客让交推。
老朽何需此，功名念早灰。
琼琚⑨愧难报，拙句出新裁。

【注释】

①屏山，县名，当属四川省，陆文祖，不详。

②李调元，字雨村，号墨庄，绵州（今四川绵阳县）人，乾隆时进士。有《函海》等作。

③罍，古代盛酒器具，此指鼻烟壶。

④炱，同炲，烟尘也。

⑤咍，嗤笑。

⑥噢，喷也。

⑦酷，酒也。

⑧儓，古时服劳役的人，此指搬运者。

⑨琼琚，喻美好的佩玉，此代指鼻烟壶。

词：

## 天香·烟草

厉鹗①

烟草神农经不载，出于明季，自闽海外之吕宋国移来，种中土名淡巴菰，又名金丝薰，见姚旅《露书》。食之之法，细切如缕，灼以管而吸之，令人如醉，祛寒破寂，风味在曲生之外。今伟男髫女，无人不嗜，而予好之尤至。恨题咏者少，令异卉湮郁也。暇日斐然命笔，传诸好事。

瀛屿沙空，星槎②翠剪，耕龙罢种瑶草。秋叶频翻，春丝细吐，寄与绣囊函小。荷筒漫试，正一点温馨③相恼。才近朱樱破处，堪怜蕙风初袅。

娇寒战回料峭④，胜槟榔为销残饱。旅枕半欹熏透，梦阑人悄。几缕巫云尚在。溅唾袖余花未忘了。唤剔春灯，暗萦醉抱。

【注释】

①厉鹗（1692－1752），字太鸿，号樊榭，浙江钱塘人，康熙时举人，诗词皆有盛名，有《樊榭山房集》传世。

②星槎，此处喻烟草自海外传来。神话传说天河与海相通，可乘槎到天河，后因用星槎喻贵宾驾临。

③温馨，温和之香气。馨，香气。

④料峭，风寒使人冷的样子。

## 天香·烟草

郑廷旸①

紫雾难分,撩云不定,也同肤寸俄泛②。敲火星红,探蕤囊③紫,想象苦吟巾垫。闲窗逸兴,算比似茶芽④未减。徐吸灵犀春透,分明玉池⑤波湛。

湘竹一枝倚槛,忍抛他冷灰残焰。况是酒阑人静,夜寒寻念。睡鸭炉⑥熏渐烬,但袅袅轻丝趁风飏。谁唾香痕,碧铺细点。

【注释】

①郑廷旸,字嵋谷,江苏长州(苏州)人,有《绀珠堂集》传世。
②肤寸俄泛,烟雾瞬间细微的变化,肤寸,古时长度单位,此处喻微小。
③蕤囊,喻烟荷包。蕤,下垂的装饰物。
④茶芽,即茶之嫩芽。
⑤玉池,道家称口为玉池。
⑥睡鸭炉,鸭形熏香炉,造型如凫鸭入睡状,故名。

## 天香·烟草和厉太鸿作（二首）

王昶①

一

绿映沧波，清分海树，凭谁种向琼岛。珠舶携来，花畦种后，制出香丝②多少。罗囊暗贮，还恰值筠窗秋晓。几度春葱轻拈，闲扢碧荷筒小。

兽炭③又残瑞脑④，拨余熏为禁寒峭。一点绛唇开处，蕙风低袅。薄醉依稀犯卯⑤，伴岑寂何须玉尊倒。飞遍巫云，剪灯夜悄。

【注释】

①王昶（1724-1806），字德甫，号兰泉，又号述庵，江苏青浦人，乾隆时进士，官至刑部右侍郎，精湛经学、诗词等，有《春融堂集》等作传世。
②香丝，烟名，又与相思谐音。
③兽炭，以炭屑和作兽形用于温酒。
④瑞脑，既龙脑香，俗称冰片。
⑤此句意思是说，因醉而办公迟到。旧时官署清晨卯时点名，称点卯，未到者即犯卯。

## 二

　　银鸭烟销，玉凫①灰冷，疏灯落尽残焰，小挈竹筒，闲携锦袋，试向短檠②轻点。朱樱欲破，喜一缕仙云冉冉。桃颊徐生薄晕，罗衣半凭画槛。

　　小楼晚寒斜掩，唾珠圆细粘蛮毯③。忽忆海天波静，载来吴舰④。几片兰香重染，奈荀令⑤愁深赋情减。怕惹相思，夜阑凄黯。

**【注释】**

①银鸭，玉凫，均指香炉。

②短檠，灯。檠万能五笔，灯架。

③蛮毯，西北、西南少数民族生产的纺织品。

④代指烟草是由船舰舶来。

⑤荀令，汉代荀彧曾为尚书令，后人称之为荀令。相传他的衣带有香气，所到之处，经日不散。

## 天香·和樊榭咏烟草

陈章①

湘箔排干,并刀缕腻,鹅儿嫩羽盈把。曲项镂金②,通中截管,石火星星迸乍。疏帘雾裊,正樱颗吹嘘兰麝。谁道萦怀绾抱③,花阴暗香相惹。

移根自来海汊,种春风遍依田舍。便少论功仙录,浣愁堪借。客到茶瓯未泛,领舌本④芳辛漫闲话。更忆销寒,孤篷雪夜。

【注释】

①陈章,字授衣,号缓斋,浙江钱塘人,工诗文,为乾隆时扬州诸名士领袖。有《孟晋斋集》传世。

②曲项镂金,水烟袋刻金以为装饰。

③萦怀绾抱,谓情怀抱负受到拘束和压抑。

④舌本,即舌根。

## 菩萨蛮·咏烟草

潘奕隽①

何人种出相思草,依人欲化情丝袅。赋到淡巴菰,翻书②故事无。

香销吟未就,春困针停绣。合伴一瓯茶,轻圆泛乳花。

【注释】

①潘奕隽,字守愚,号榕皋,乾隆时官至户部主事,工书画。有《三松堂诗集》、《文蠹笺》和《水云词》传世。
②翻书,即翻译之书。

## 天香·咏淡巴菰

王又曾[1]

蔑笼[2]均铺,银刀细切,<u>丝丝尽化金缕</u>。葱茎[3]点注,樱颗含嘴,散作一天花雾。凭般滋味,比橄榄、槟榔犹愈。仿佛挑灯夜悄,漫解罗囊无话。

相思日常几度,把竹枝顿忘吟苦。最是梦阑酒醒,那回情绪。石火星星迸处,渐一阵兰香暗中吐。怕不禁寒,炉熏更住。

**【注释】**

[1]王又曾,字受铭,号谷原,浙江人,乾隆时官至刑部主事。
[2]蔑笼,晒烟之具。
[3]葱茎,喻女子之手指。

## 天香·咏淡巴菰

凌应曾[①]

篷屿[②]春回,椒邱[③]候暖,芳蕤[④]带露初撷。细剪香丝,轻团云片,付与紫囊收拾。竹筒乍试,爱缕缕撩人清绝。心字休添宝篆[⑤],输他禁寒消渴。

尊前漫疑醉缬[⑥],袅重帘惠风徐拂。最忆苦吟无绪,雀炉闲拨,霞客情怀自别,又昔羡郎官吮鸡舌[⑦]。沆瀣同餐[⑧],罗衿翠浥。

【注释】

①凌应曾,字祖锡,生平不详。
②篷屿,即蓬莱山,传说为仙人所居。
③椒邱,高丘。
④芳蕤,下垂的芳草。
⑤宝篆。烟曲折上升,状如篆体。
⑥醉缬,醉眼发花。缬,眼发花。唐李贺诗《蝴蝶飞》:"杨花扑帐春云热,龟甲屏风醉眼缬。"
⑦鸡舌,即丁香。其种仁由两片形状似鸡舌的子叶合抱而成,故丁香又称鸡舌香。
⑧吸烟与饮沆瀣同餐。

## 沁园春·吸烟

朱昂①

余昔曾咏天香淡巴菰词，和者颇伙，今皆丛残零落矣。

种自琼田，海舶收来，分锁绣奁。待金炉炙麝，相思正苦；罗囊贮蕙，细味还甜。隐几②无聊，开帘欲语，饷客先呼卷袖探。微呵欠，料非因酒困，别有香含。

妃央③肩并春酣，爱对吐氤氲风月谈。记销魂倚枕，一灯豆小；祛愁薰草，四壁云函。半候葭灰④，重敲石火，镂管玲珑笑口衔。闲情倦，唱淡巴菰曲，心醉谁堪。

【注释】

①朱昂，字适庭，一字德基，号秋潭，监生，安徽休宁（一说常州）人，有《百业语缘》、《养云亭诗钞》等。

②隐几，依着几案。

③妃央，委婉请求。妃同婉。

④葭灰，比喻烟灰。葭，芦苇。古人烧芦成灰置于十二律管中，以葭灰飞出而占气候。

## 天香·烟草

朱昂

闽岛香苗,蛮荒翠卉,移来遍种瑶圃。小贮竹箱,初停海舶,巧制漫抽金缕。轻寒薄醉,凭解释相思意绪。残梦沉吟倚枕,双鬟点灯低语。

修廊几回觅句,试牙筒①隔帘花雾。记否绣囊闲展,玉纤②拈取。隐约朱唇启处,看一朵巫云暗飞去。茗碗才收,兰膏细吐。

**【注释】**

①牙筒,象牙制的筒状器物。
②玉纤,女子之手指。

## 天香·淡巴菰和秋潭

朱方蔼①

瀛岛传香,闽山分翠,江乡近日都有。绿叶齐干,金丝细切,味比槟榔差厚。玉纤拈得,待吸取清芬盈口。朵朵巫云轻扬,余痕隔帘微透。

竹筒一枝在手,闷无聊仅消残昼。留客茶铛未熟,探囊先授。最忆宵寒时候,频唤剔春灯小红豆。几度氤氲,如中卯酒②。

【注释】

①朱方蔼,字吉人,号春桥,浙江桐乡人,有《红桥载酒集》和《吴兴纪游集》。

②卯酒,清晨饮的酒,清晨醉酒谓中卯酒。

## 天香·淡巴菰和秋潭

朱莅恭①

银叶初销,玉炉乍烬,凭谁更遣萧寂。小撷罗囊,重携竹管,趁取兰缸未息②。清吟欲倦,看一缕轻霞漾碧。袅袅徐萦帘影,霏霏暗笼窗隙。

回思海天暮色,映沧波绿连芳陌。几度金刀剪罢,装来番舶。最忆酒边花外,晕薄醉微醺伴寒夕。剩有残灰,春葱③细剔。

【注释】
①朱莅恭,字叔会,号桂泉,休宁人,工诗词。
②兰缸,用兰膏点的灯。息,同熄。
③春葱,喻女子纤细之手指。

## 天 香

吴泰来①

碧减芦芽，黄分箬②缕，鲛宫③细剪初就。艾帐微温，兰缸欲烬，熏人半消残酒。莲筒倒卷，看缥纱金丝萦袖。揽取巫云正结，依稀梦阑时候。

文园④坐迟永昼，肯闲将八叉吟手⑤。最好拥炉帘阁，峭寒三九。鼻观曾参香透，只一种相思怎消受，付与蕉窗，吐绒笑口。

【注释】

①吴泰来，字企晋，号竹屿，江苏常州人，乾隆时进士，官至内阁中书舍人。

②箬，竹子。

③鲛宫，原意龙宫，此指制烟之作坊。

④文园，指文人学士。原为汉武帝墓所，后诗文中用指司马相如。

⑤八叉吟手，指才思敏捷、一吟而就的文人，原指唐代温庭筠。八叉，叉手构思。

## 天香·烟草

赵文哲①

花厂②梳风,磳田涨雨,高低翠色如染。叶叶轻翻,丝丝细剪,携取市茶江店。萧材剧玉③,看小拨博山④红闪。无限烟霞况味,悠然伴人无厌。

几番梦回帐掩,压微寒绣襦初减。欹枕半醺绝胜,九兰香酽⑤。一别心灰乍冷,但漆盝⑥罗囊委箱箴⑦。倚醉寻思,闲凭画槛。

**【注释】**

①赵文哲(1725-1775),字损之,号璞庵,上海人,乾隆时官至户部主事,后随军讨金川,死难,恤赠光禄寺少卿,有《娵隅集》等传世。
②花厂,开满鲜花的山岩。
③削竹制烟筒并嵌玉为咀。箫,小竹子。
④博山,古器物表面雕刻作重叠山形的装饰,此指烟筒。
⑤九兰,即九节兰,兰的一种;香酽,香味浓。
⑥盝,小匣也。
⑦箴,筐类竹器。

## 天香·赋淡巴菰

吴元润[1]

香来瀛州,船回海市,连云草色遥野。锦箧函黄,竹笼焙碧,袅袅金丝抽罢。靴刀宝带,笑却称彩囊斜挂。才卷疏帘煴雾,微闻小炉薰麝。

西窗伴伊夜话,雨帘纤烛华初炧[2]。想象玉京[3]人去,味同薯蔗。索句回廊曲榭,别一种相思笔难写。醉揾桃腮,春凝绣帕。

【注释】

①吴元润,字泽均,号兰汀,乾隆年间江苏吴县人,官辉县知县。
②炧,也作炧,灯烛之灰烬。
③玉京,指帝都。

## 沁园春·咏淡巴菰

汪如洋①

何处移栽,种玉田②中,佳名早传。试竹筒小截,吸来初满;彩囊深贮,探处还便。石火催敲,炉香倩爇,雾阁云窗指顾间③。闲庭悄,镇相思一缕,消向谁边。

齿芬牙慧④堪怜,比烂嚼槟榔味更鲜。惯引他吟兴。僮呼酒后,助他谈屑,客到茶先。鼻嗅偏浓,火吞差辣,嗜好人心笑屡迁。风前语,愿牢持桂信,听我兰言。

【注释】

①汪如洋,字润民,号云壑,浙江秀水人,乾隆庚子(1780)殿试第一名及第,有《葆冲书屋集》等传世。

②玉田,相传有杨伯雍者种石于田中,生白璧,名玉田。此处喻良田。

③烟雾形成楼阁转瞬即逝。指顾间,即一指一瞥之间,形容短暂。

④牙慧,袭抄旧言,意指拾人牙慧。

## 天香·淡巴菰

张熙纯①

芳讶薰兰,温疑麝炙,牙筒缕缕香喷。曾采②忘忧,更怜服媚③,底事逊伊清韵。何堪忍俊④,看小醉已添微晕。缥缈吟情正远,明霞几番徐引。

罗囊漫愁易尽,望琼沙翠云连畛。试摘早春缃叶,露芽同嫩。最忆甘回舌本,使一片氤氲六窗⑤润。无限相思,梦阑酒困。

**【注释】**

①张熙纯,字策时,号少华,上海人,乾隆时举人,官至内阁中书舍人,有《华海堂集》传时。
②曾采,怎能。
③服媚,服饰奇艳。
④忍俊,指热衷于某事,此指嗜烟。
⑤六窗,即肝。

## 天香·咏淡巴菰

吴蔚光①

蔗圃浇丫，荔亭晒叶，箱箱锉就金线。绣袋匀函，镂筒②徐吸，焰过着番亲换。薰人没绪，喷几朵巫云撩乱。看被情丝曳去，花稍软风拖散。

朋来乍迟茗碗，借微醺韵于酣半。搁到灰温脂嫩，匣中红豆，消得相思并唤。况荻雨③乌篷④火星闪。一炷愁苗，秋衾梦断。

【注释】

①吴蔚光，字悊甫，号竹桥，浙江仁和人，乾隆戊戌（1778）进士，官刑部主事。

②镂筒，刻有花纹的烟筒。镂，雕刻。

③荻雨，指秋雨。

④乌篷，小船。

赋：

## 淡巴菰赋

全祖望①

今淡巴菰之行遍天下，而莫能考其自出。以其兴之勃也，则亦无故实可稽。姚旅以为来自吕宋，按：淡巴者，原属吕宋旁近小国名，王圻②言其明初曾入贡，有城郭、宫室，君臣有礼。但淡巴之种入上国，其始事者亦莫知为谁。黎士宏③曰始于日本，传于漳州之石马，然亦不能得其详。爰作赋以志之，或有博雅君子，补予阙焉。

将以解忧则有酒，将以消渴则有茶。鼎足者谁？菰材最嘉。酒最早成，茶稍晚出，至于是菰，实始近日。凡百材之所成，必报功于千古。酒户则祖杜康④，茶仙则宗陆羽⑤。吾欲考先菰以议礼，盖茫然未悉其何人。笑文献之有阙，将祀祭其何因。原夫雕菰⑥之始，载在曲礼，受种为荄，结穗为米，紫箨⑦为裹，绿节⑧为围，于焉作饭，绝世所希，其在《尔雅》，更名水蒋芦中之族，斯称雄长，是菰实非其种也。或曰是，即《说文》之所谓菸，抑《广韵》之所谓蔫，古尝志之，今广其传。

譬之屈骚之兰，于今不振，其争芳者崛起之。允迢迢淡巴，非我域中，僻居荒海，旷世来同，何其嘉植，不胫而趋，普天之下，靡往不俱。彼夫河西之焉支⑨，夜朗之邛竹⑩，当其倾国以相争，以易地而弗育。而是菰则五沃之土，随在而生，满篝以获，有作必成。不以形化，而以气融；不以味餍，而以臭通。

当夫始至，尚多所怪其习，尝者半在塞外。是以皇皇厉禁，颁自思陵⑪，市司所至，有犯必惩。而且琅琦督相，视为野葛（原注：吾乡钱忠介公最恶之）⑫。梁溪明府，指为旱魃（见《南北略》）。黄山徵君，明火勿污（原注：歙人宗谊事）。赏心尚少，知己尚孤，岂知金丝之薰，足供清欢神效，所在莫如辟寒。若夫蠲烦涤闷，则灵谖⑬之流；通神道气，则仙芧⑭其俦。

槟榔消瘴，橄榄祛毒，其用之广，较菸不足。而且达人畸士，以写情愫；翰林墨卿，以资冥助。于是或采湘君⑮之竹，或资贝子⑯之铜，各制器而尚象，且尽态以极工。时则吐云如龙，吐雾如豹，呼吸之间，清空香妙。更有出别裁于旧制，构巧思以独宣，诋火攻⑰为下策，夸鲸吸⑱于共川。厥壶以玉，厥匙以金，比之佩镌，足慰我心。是以茂苑⑲，尚书雅传，三嗜必不得已去一、去二，独爱是菸，长陪研席⑳，王马和钱更增一癖，风流可即，顾物兴思，谁修菸祭，以公为尸㉑（原注：长州韩慕庐尚书，嗜酒及棋，与此而三。或问之以必不得已之说，初云去棋，继云去酒，时人传为佳话）。

且夫醒可醉，醉可醒，是固酒户之所宜也；饥可饱，饱可饥，是又胃神之所依也；闲可忙，忙可闲，是又日用之所交资也。而或者惧其竭地力，耗土膏，欲长加夫屏绝，遂投畀于不毛，斯非三农之长，虑而无如众好之难。回观于仁草㉒之称，而知其行世之未衰也。

我闻淡巴，颇称乐土，寇盗潜踪，威仪楚楚。独于史传纪载阙然，聊凭盖露以补残编。

【注释】

①全祖望（1705－1755），字绍衣，号谢山，浙江人，乾隆时进士，后不受重用，辞官治学。学问甚博，尤专史学，诗词亦精，有著多种。

②王圻，字元翰，上海人，明史学家，有《续文献通考》等著作。

③黎士宏，字媿曾，长州人，清顺治时为官，政绩甚著，有《托素斋诗文集》、《仁恕堂笔记》等。

④杜康，传说发明酒的人。

⑤陆羽（733－804），字鸿渐，自称桑苎翁，以嗜茶出名，有茶圣之称，著有《茶经》三篇，为我国关于茶的最早著作。

⑥雕菰，即雕胡米。菰俗称茭白，生于泽地，其实如米，称雕胡米，可作饭，古为六谷之一。曲礼，《礼记》篇名。

⑦紫箨，叶未开张的芦苇、新竹。

⑧绿节，菰的别称。

⑨焉支，同燕支，即今之胭脂。《史记》载霍去病出陇西，过焉支山。后有歌曰："失我焉支山，使我嫁妇无颜色。"河西产焉支即此。

⑩邛竹，竹名，原出邛崃（今属四川）。

⑪思陵，崇祯帝（明思宗）之陵；皇皇厉禁，指崇祯曾颁禁烟之令。

⑫钱肃乐，崇祯进士，明亡后在江南起兵继续抗清，奉鲁王监国，死于舟中。文中称"琅琦督相"寓褒扬之意。

⑬灵谖，即灵草和谖草。灵草又称仙草；谖草即萱草，又称忘忧草。

⑭仙茅，药草名，又名婆罗门参。

⑮湘君，或谓湘夫人，即湘水之神。

⑯贝子，满语贵族之称号。

⑰火攻，中医治病之灸法，此处喻吸烟。

⑱鲸吸，喻饮酒之豪。

⑲茂苑，原意为花木繁茂的苑囿，此处喻名士众多的文坛。

⑳研席，砚和坐席，指读学之所。

㉑尸，象征神灵受祭的人。公，即韩公。

㉒仁草，即指烟草。

## 吹烟赋

杨潮观①

原夫赭鞭②鸣地,阳燧③窥天,火化伊始,尝草何年。不酒而得醉,不莽而流延。蜃无氛而喷雾,狮非吼而含烟。恍虚气以成云,既非龙窟;忽出潜而吹沫,岂是鱼渊。无贵贱以同嗜,竟寝食之难捐。

当其种来洋岛,产自海涯。幡幡似菜,翼翼分陂。槁叶乍振,陈荄去滋。引之则金丝袅缕,揉之而玉屑纷披。性似同乎姜桂④,味实反手甘饴。茗椀罢尝,肘后之清风乍歇;金樽频倒,掌中之香气初离。于是几声碎玉,数点流光,逗出一星榆火,引来半炷沉香。含以华池⑤,藐若土囊⑥之瀚郁⑦;入乎修吭⑧,杳如香迳之迷藏。其始出而聚也,桑蚕春浴而蠕动;其少迟而散也,柳丝风骨而飞扬。小炷则飚⑨起青蘋之末⑩,满引而香浮宝鼎之旁。况夫采艾蕲阳,杂以三年之叶;纫兰浓浦,挹兹九畹之芳。惟见风云吐纳,烟霭翱翔者乎。

尔其尝餐日久,制器精多,贮以鞶带⑪,盛来紫荷。或绣囊共茝兰⑫而同佩,或玉壶与觿砺相摩;或湘管一枝,窈窕苍梧之修节;或滇金数寸,精莹乌槊⑬之文柯。既洪纤⑭之中度,亦长短之殊科⑮。偕铁如意而堪为指画⑯,代邛竹杖而亦可婆娑。直吹不孔之萧,处处仙人握管;倒把无纶⑰之竹,人人渔父临波。则有纱窗掩冉,净几清幽。文魔俊士,诗癖清流。含毫未吐,撷藻将抽。步闲阶而岑寂,绕芳砌以搜求。对客谈来一丝微飏,呼童至止半响轻浮。则可谓思入风云之候,神来飞舞之秋也已。乃至闺中风暖,楼上春深,金炉欲烬，绣线无心，粉颐斜托，朱槛频临，情随望远，梦带愁寻，猩唇[18]半吐，瓠齿[19]微歆。顺薰风而藉草，袭芳霭之盈襟。立疑雾障，望杳云林。其气微，是心香[20]初透；其纹细，是思茧才纴。则又不觉对影而神魂入定，不言而齿顿俱侵也已。至于残更孤馆，欹枕清宵，人声兮乍悄，月色兮才邀，灯花兮共溶，香篆兮初销。拨寒灰而如失，抚清簟兮无聊。謦欬[21]一声，唾壶欲碎；细缊几缕，沉水[22]先焦。遂使栩栩迷香[23]，潜引香中之粉蝶；悠悠回颊，微熏颊上之红潮[24]。俄而双眸乍展，一梦方惊。漱齿少回甘之味，调唇留隔宿之酲。不有榾柮[25]之火，兰蕙之茎，可以使魂遽[26]甦，神遽清。夫是以如饥呼癸，如渴呼庚[27]。入市闲游憩处，俱堪气火留宾。初献座间，时傍残檠。下至孩童走卒，负贩老兵，具有公好，莫能忘情。

嗟乎！肠非布而火浣[28]几似，口非突[29]而墨黔[30]时形。尝之者，只觉瞢瞢；嗜之者，不解惺惺。洵煎膏兮足鉴，固焚齿兮可铭。漫趋炎而欲附，若逐热击未停。常昏昏兮堕云雾，每烈烈兮炊香馨。念托契[31]兮备尝辛苦，欲绝交而深费丁宁[32]。是用媲酒而作《诰》，爰且配茶而为《经》。

**【注释】**

①杨潮观（1710－1788），字闳度，号笠湖。金匮（今江苏无锡市）人，清代著名戏曲家。乾隆时先后在河北、山西、四川等地任县、州地方官，政绩卓著。博学多才，诗文、音乐、戏曲、绘画、书法无不擅长，一生著述甚富，今存者有《吟风阁杂剧》、《周礼指掌》等。

②赭鞭，赤色之鞭。传说神农以赭鞭鞭百草，播百谷。

③阳燧，古人以日光取火的凹面铜镜。

④姜桂，生姜和肉桂，皆为调味品。

⑤华池，即口舌，或指舌下。

⑥土囊，洞穴。

⑦滃郁，云雾弥漫状。

⑧吭，咽喉。

⑨飑，疾风。

⑩青蘋之末，风起则蘋叶动，因以蘋末为风之代称，原出《楚辞》。

⑪鞶带，带和荷包。鞶，小囊，即荷包。

⑫苴兰，苴和兰，喻烟草或制烟丝之配料。觿砺：指烟具上的佩物。觿，古代用以解绳结的工具。

⑬乌椠，黑色的书板。

⑭洪纤，犹言大小。

⑮殊科，谓不同类型。

⑯指画，谓指点规划。

⑰无纶，没有丝线。无纶之竹，即没有丝线的钓杆。不孔之箫和无纶之竹，均喻烟杆。

⑱猩唇，指涂红的嘴唇。

⑲瓠齿，洁白整齐的牙齿。瓠，葫芦类植物，其果实籽白色。

⑳心香，佛教语，喻虔诚的心意，如供佛之焚香。

㉑謦欬，咳嗽。

㉒沉水，即沉香。

㉓迷香，使人迷惑之香。

㉔红潮，面色红润。

㉕榾柮柴，树疙瘩。

㉖遽，疾速。

㉗道家称口中液为癸穴庚涡。

㉘火浣，火洗。浣，洗涤。

㉙突，烟囱。

㉚墨黔，比喻薰黑。墨，即墨翟，春秋战国时思想家。黔，黑色。墨翟存心救世，到处奔走，每住地，烟囱尚未薰黑就要离开他往。

㉛托契，结具契约。

㉜丁宁，同叮咛。